法官说法丛书

全国“八五”普法推荐读物

CASE

网络购物及网络服务纠纷典型案例解析

ANALYSIS

张　雯 / 主编

中国法制出版社
CHINA LEGAL PUBLISHING HOUSE

《法官说法丛书》（第二辑）

总编委会

本书编委会

主　　编　张　雯　北京互联网法院党组书记、院长、一级高级法官、北京市审判业务专家、北京市司法实务专家

副 主 编　姜　颖　北京互联网法院党组成员、副院长、全国审判业务专家

赵瑞罡　北京互联网法院党组成员、副院长

徐长明　北京互联网法院党组成员、政治部主任

执行主编　刘书涵　北京互联网法院综合审判二庭庭长、四级高级法官

编　　辑　方淑梅　北京互联网法院一级法官

刘更超　北京互联网法院一级法官

肖　伟　北京互联网法院一级法官

贺　诚　北京互联网法院一级法官

郭　晟　北京互联网法院一级法官

龚　娉　北京互联网法院一级法官

作　者

郭　晟　北京互联网法院一级法官
刘承祖　北京互联网法院四级法官助理
任昱坤　北京互联网法院四级法官助理
李绪青　北京互联网法院四级法官助理
孟丹阳　北京互联网法院四级法官助理
张　帆　北京互联网法院四级法官助理
雷茗涵　北京互联网法院四级法官助理
张夏意　北京互联网法院四级法官助理
吕　可　北京互联网法院初级书记员

目录

CONTENTS

第一章

食品安全

案例一

食品添加

——食品中添加非食品原料的法律后果

刘承祖[①]

民以食为天，食品安全直接关系广大消费者的身体健康和生命安全，关系经济发展和社会稳定。我国一直重视食品安全，严厉打击各类危害食品安全的行为。但在生活中，我们发现，仍有极少部分商家为了一己私利生产销售违法添加非食品原料的食品，极大损害了消费者的身心健康，破坏了正常的市场秩序。因此，对处于弱势地位的消费者来说，广泛了解食品添加中存在的问题，提高食品鉴别能力、维权意识，势在必行。

案情回顾

赵晓天是一名国有企业退休职工，退休后为了丰富自己的老年生活，他选择在网上开设一家网店，主要销售各类零食饮料。店铺营业后，生意越做越好，随着销量的日益增加，赵晓天不断拓展进货渠道，但有时候各类食品还是供不应求，尤其是“美味牌”辣条，更是深得消费者喜爱，销量不断攀升。

梁振国是一名在校大学生，经常在各大平台网店购买各种小零食。一次偶然机会，梁振国从赵晓天的网店里购买了三包“美味牌”辣条，下单后不久，便收到赵晓天寄来的快递。梁振国在食用时发现“美味牌”辣条的外包装添加剂部分显示添加有山梨酸钾及钾盐。梁振国出于好奇从网上查阅有关食品添加剂标准时发现，辣条中不能添加山梨酸钾。事后，梁振国与赵晓天协商退货退款事宜，赵晓天予以拒绝。无奈之下，梁振国便以赵晓天销售不符合安全质量要求的食品为由，将其起诉至法院，要求解除与赵晓天的买卖

① 北京互联网法院综合审判一庭法官助理。

合同，并要求赵晓天退还购买辣条的费用，同时梁振国将辣条退回。

被告赵晓天认为：一、其在进货时已经对“美味牌”辣条进行了一定的审核，未发现问题，其无任何过错，不应该承担责任；二、“美味牌”辣条依据省级食品添加标准生产，省级食品添加标准中规定辣条可以添加山梨酸钾；三、其经营小本生意，没有赚太多钱，坚信所卖的“美味牌”辣条质量没有问题。综上所述，其请求法院驳回梁振国的诉讼请求。那么，赵晓天的抗辩理由是否有事实和法律依据呢？

法院在依法开庭审理查明事实后，认为梁振国在赵晓天经营的网店里购买“美味牌”辣条，他们之间形成网络购物合同关系，该合同是双方真实的意思表示，没有违反法律法规的规定，是合法有效的，双方应该按照约定履行自己的义务，即赵晓天应该向梁振国寄送符合食品安全质量要求的食品，梁振国应该向赵晓天支付购买食品的货款。本案争议的焦点就在于，赵晓天寄送的“美味牌”辣条是否符合我国食品安全质量要求。

法院根据双方提供的证据，认定赵晓天销售的“美味牌”辣条系参照省级 DB41/T515 地方标准生产，该标准允许在辣条中添加山梨酸钾。另查，根据《食品安全国家标准食品添加剂使用标准》（GB2760–2014）和《食品药品监管总局关于严格加强调味面制品等休闲食品监管工作的通知》（2015 年 5 月 27 日发布）的规定，山梨酸及其钾盐的可添加的食品范围中关于方便米面制品仅限米面灌肠制品，并不包含辣条制品。再查，根据《立法法》等规定，《食品安全国家标准食品添加剂使用标准》（GB2760–2014）和《食品药品监管总局关于严格加强调味面制品等休闲食品监管工作的通知》（2015 年 5 月 27 日发布）的法律效力高于省级 DB41/T515 地方标准，应当适用效力更高位阶的国家标准，故在辣条中使用添加剂山梨酸及其钾盐不符合国家食品安全标准。综上，赵晓天并未依约提供符合食品安全标准的食品，构成根本违约。最终法院判决双方合同解除，赵晓天将购买“美味牌”辣条的费用退还梁振国，梁振国将“美味牌”辣条退还赵晓天。赵晓天的抗辩理由由于缺乏法律依据而未被支持。

法理分析

本案主要存在以下几个问题：第一，赵晓天与梁振国之间的网络购物合同关系如何；第二，赵晓天构成根本违约的原因；第三，网络购物合同的解除条件。一般而言，网络购物合同是指借助网络媒介，出卖人转移标的物的所有权于买受人，买受人支付价款的合同。

（一）赵晓天与梁振国之间的网络购物合同关系如何

合同是平等的当事人或当事双方之间设立、变更、终止民事关系的协议，依法成立的合同，受法律保护。我们生活中无时无刻不在发生合同关系，网络购物合同便是合同关系的一种。在本案中，梁振国自愿在网上浏览“美味牌”辣条并下单购买后，买卖双方之间形成了网络购物合同关系。这个网络购物合同就在双方之间形成了一种约定，双方都要按照约定履行自己的义务，在没有法定免责事由的情况下，如果有任何一方违反约定就要承担一定的违约责任。具体而言，本案中，双方的义务关系主要体现在，赵晓天应当履行向梁振国提供符合食品安全要求的食品的义务，梁振国应当履行向赵晓天付款的义务。

（二）赵晓天构成根本违约的原因

合同具有明确的目的性，根据双方达成的网络购物合同，梁振国在赵晓天网店里下单的目的是购买符合食品安全要求的“美味牌”辣条，赵晓天能否满足这一目的，是双方合同能否达成的重要条件。而赵晓天构成根本违约的原因恰在于其提供的“美味牌”辣条中含有非法添加的山梨酸及其钾盐，明显不符合我国关于食品安全标准的规定，存在食品安全问题，因此梁振国购买的“美味牌”辣条并非如其所愿，双方之间签订的网络购物合同目的最终落空，无法实现，所以赵晓天的行为构成根本违约。依照我国《合同法》第一百零七条（现已失效，相关规定见《民法典》第五百七十七条）的规定：“当事人一方不履行合同义务或者履行合同义务不符合约定的，应当承担继续履行、采取补救措施或者赔偿损失等违约责任。”故赵晓天应当承担退货退款的违约责任。

（三）网络购物合同的解除条件

众所周知，已经成立的合同受到法律的保护，合同相对方不得随意变更、解除，否则应当承担相应的法律责任。因此合同的解除，应当符合法定的条件，我国《合同法》第九十四条（现已失效，相关规定见《民法典》第五百六十三条）对合同解除条件进行了明确规定：“有下列情形之一的，当事人可以解除合同：（一）因不可抗力致使不能实现合同目的；（二）在履行期限届满之前，当事人一方明确表示或者以自己的行为表明不履行主要债务；（三）当事人一方迟延履行主要债务，经催告后在合理期限内仍未履行；（四）当事人一方迟延履行债务或者有其他违约行为致使不能实现合同目的；（五）法律规定的其他情形。”

本案中，网络购物合同本质上是一种买卖合同，提供符合食品安全要求的食品是网络购物合同的重要目的。因此，当赵晓天无法提供符合食品安全要求的食品时，属于违约行为致使不能实现合同目的的情形，故双方之间的网络购物合同可以被解除。

食品安全事关重大，与我们每个人息息相关。因此，广大消费者在选择食品时，一定要擦亮双眼，注意查看食品添加成分，学习相关法律知识。如果购买到不符合食品安全标准的食品，要敢于运用法律武器维护自己的权益。

知识拓展

（一）食品中非法添加非食品原料的其他情形

当前可供我们选择的食品类型多样，部分商家为了吸引消费者、增加食品销量，选择在食品中添加各类非法添加物。由于多方面原因，消费者在购买食品时没有发现非法添加物的存在，致使自己的权益受损。其实，法定意义上的食品安全标准，并非只是“无毒、无害、有营养”，而是一个广义的概念，需包括卫生标准、营养标准、标签标准、添加标准等多个方面的强制性标准，只有符合全部强制性标准的食品才属于符合食品安全法律规定的食品。其中，添加剂标准又是上述强制性标准的一个重要方面。所以除前面重点讲解的梁振国与赵晓天网络购物合同纠纷案外，本文选取了几例关于消费者因购买到含非法添加成分食品而维权的民事案件。

【案例 1】李田是一所大学的在读研究生，经搜索发现金箔酒包装非常精美，遂从网上买了几瓶金箔酒打算春节带回家送给爷爷。李田下单三天后便收到了金箔酒，带回爷爷家后，爷爷打开了酒的包装，发现酒里添加有金箔，爷爷高兴坏了，问李田酒里加金箔有什么功效，李田觉得好奇，便立马去网上搜索金箔酒的功效，却意外发现金箔不是酒类的生产原料。李田大吃一惊，第一时间与卖家沟通要求卖家进行解释，并商讨退货事宜，后无果而终。最终李田选择向法院提起诉讼，请求法院判令卖家退货退款并额外支付购买价款的十倍赔偿金。

法院经审理发现，2001 年 5 月 23 日卫生部法监司作出卫法监食便函〔2001〕107 号《关于对“金箔酒”进行卫生监督有关问题请示的批复》：“金箔既不是酒类食品的生产原料，也不能作为食品添加剂使用，应当禁止将金箔加入食品中。”根据此规定，酒中不能添加金箔，否则就违反了我国现有的食品安全标准，最终法院判决卖家退还李田货款并赔偿购买价款的十倍赔偿金，李田同时将金箔酒退还卖家。此案例再次反映，食品中添加的成分一定要符合国家标准，否则要承担惩罚性的赔偿责任。

【案例 2】马友是一名茶叶爱好者，经常在网上购买各类茶叶。2019 年 10 月，马友在一家网店里购买了两盒茶叶，收货后，马友便给朋友送了一些，后来朋友发现茶叶的成分中含有牛樟芝等，认为这是药品的成分，不应该添加在茶叶中。马友得知后在网上搜索发现牛樟芝不能添加在食品中。马友非常气愤，整理完毕相关证据后选择向法院提起诉讼依法维权，请求法院判令卖家退货退款并支付购物价款的十倍赔偿金。

法院经审理认为，依据《国家卫生计生委办公厅关于牛樟菇（牛樟芝）问题的复函》（国卫办食品函〔2017〕259号）：“牛樟芝是产于我国台湾地区的特有大型真菌，在大陆地区没有食用历史，不是我委批准的新食品原料”的规定，证明涉案产品非法添加药品，其作为普通食品却非法添加非普通食品原料，属于不符合食品安全标准的食品。最终双方主动联系法院要求调解，本案以调解方式结案。双方均已按照调解协议内容履行完毕。

【案例3】李晓是一家公司的员工，双十一购物节期间，他从网上买了三罐珍珠脱脂奶粉准备与家人一起饮用，一共支付了1000元。收到奶粉后，李晓便先食用一罐，但是服用后感觉到腹部不太舒服，一直拉肚子。李晓心生疑虑，好端端的奶粉怎么会这样，李晓便把奶粉送到鉴定机构进行鉴定。后来鉴定机构出具鉴定报告载明：“李晓购买的奶粉中，含有珍珠成分，珍珠不是普通食品原料。”李晓得知事情原委后，便通过聊天软件和卖家沟通退货和赔偿事宜，后经客服介入沟通无果，李晓便向法院提起诉讼，要求卖家退货退款。法院经审理认为，依据我国相关食品成分添加标准规定，珍珠不是食品原料，奶粉中含有珍珠粉不符合食品安全标准。后来，在法院的主持下，卖家认识到其销售的珍珠奶粉确实存在一定的问题，及时启动召回程序，召回了已经销售的珍珠奶粉，同时向李晓诚恳道歉并积极赔偿，请求李晓的谅解。后来李晓与卖家达成和解，双方以比较满意的结果调解结案。

通过上述案例可以看出，食品成分非法添加现象确实类型多样，食品生产经营者要严格遵循相关标准，不可随意添加非法成分，否则必定要承担严格的法律责任。

（二）销售不符合食品安全标准食品的惩罚性赔偿责任

《食品安全法》是实现消费者食品安全的重要保障，对于违法生产、销售不符合食品安全要求的行为进行规制。我们购买到含非法添加成分的食品，除如前文所述可以要求退货退款外，其实在符合法定条件的情况下，还可以依据法律规定要求惩罚性赔偿。我国《食品安全法》第一百四十八条规定：“消费者因不符合食品安全标准的食品受到损害的，可以向经营者要求赔偿损失，也可以向生产者要求赔偿损失。接到消费者赔偿要求的生产经营者，应当实行首负责任制，先行赔付，不得推诿；属于生产者责任的，经营者赔偿后有权向生产者追偿；属于经营者责任的，生产者赔偿后有权向经营者追偿。生产不符合食品安全标准的食品或者经营明知是不符合食品安全标准的食品，消费者除要求赔偿损失外，还可以向生产者或者经营者要求支付价款十倍或者损失三倍的赔偿金；增加赔偿的金额不足一千元的，为一千元。但是，食品的标签、说明书存在不影响食品安全且不会对消费者造成误导的瑕疵的除外。”

由此可见，我国对于生产、销售不符合食品安全标准的食品进行了比较严格的惩罚，这对于警示生产者、经营者，净化市场环境具有重要的意义。简言之，假如卖家明知产品为不符合安全标准的食品仍进行销售，消费者购买后，除可以要求退货退款外，还可以额外要求购买食品价格的十倍赔偿。

普法提示

“食品安全重于泰山”不是一句口号，良好的食品安全环境需要社会各界共同努力落实。虽然我国《食品安全法》《消费者权益保护法》等都对消费者权益的保护作出了明确规定，但是在司法实践中仍然存在很多商家销售添加非食品原料食品的现象。因此，我国在进一步通过立法、执法、司法维护食品安全环境的同时，需要广大公民学法、懂法、守法、用法，群策群力铸牢食品安全的长城。

（一）生产者应严格落实依法生产责任

对于食品生产经营者来说，应当对其生产经营食品的安全负责，应当依照法律法规和食品安全标准从事生产经营活动，保证食品安全，诚信自律，珍惜企业信誉，对社会和公众负责，接受社会监督，承担社会责任。具体而言，生产者应当健全原材料进出核验机制，如实记录原材料的名称、规格、数量、生产日期、销售日期、生产批号、检验合格证号、保质期等内容；建立内部核验机制，严格把控食品添加剂的使用；食品生产者、经营者发现已经上市销售的食品不符合食品安全标准时，应当立即主动停止生产与销售，通知相关生产者、经营者和消费者，召回已经上市销售的食品并进行处理，及时消除或减少可能造成的危害结果。

（二）消费者应当提升鉴别能力，积极维权

消费者应当学习食品安全的相关知识，提升食品鉴别能力。消费者在购物时一定要注意查看生产厂家资质与产品合格证明，另外可以关注店铺评价、评分、成立时间、交易数量等信息，避免购买所需食品时被不良商家利用，购买后要仔细核查一下产品包装，重点关注：名称、规格、净含量、生产日期；成分或者配料表；生产者的名称、地址、联系方式；保质期；产品标准代号；贮存条件；所使用的食品添加剂在国家标准中的通用名称；生产许可证编号等。如果消费者发现产品包装或者成分添加存在问题，应及时查询国家相关规定，并可以向有关专业人士进行咨询，必要时可以向消费者协会进行投诉，或者通过法律途径维护自身的合法权益。

（三）监管部门依法履行职责

监管部门应当依法严格履行职责，查处违法行为。县级以上人民政府食品安全监督管理部门应当对食品进行定期或者不定期的抽样检验，并依据有关规定公布检验结果，不得免检。监管部门及时查处生产经营超范围、超限量使用食品添加剂的食品的情形，尚不构成犯罪的，由县级以上人民政府食品安全监督管理部门没收违法所得和违法生产经营的食品、食品添加剂，并可以没收用于违法生产经营的工具、设备、原料等物品；还可视情形依据法律规定进行罚款。如果发现构成犯罪的，及时将有关线索移送相关部门进行处理。

需要注意的是，如果生产销售不符合食品安全标准的食品造成一定后果的还有可能构成犯罪。我国《刑法》第一百四十三条规定："生产、销售不符合食品安全标准的食品，足以造成严重食物中毒事故或者其他严重食源性

疾病的，处三年以下有期徒刑或者拘役，并处罚金；对人体健康造成严重危害或者有其他严重情节的，处三年以上七年以下有期徒刑，并处罚金；后果特别严重的，处七年以上有期徒刑或者无期徒刑，并处罚金或者没收财产。”

（四）电子商务平台注重加强平台自治管理

各电商平台应当加强对平台内店铺的管理，完善内部管理机制，对于销售不符合食品安全标准食品的店铺应当及时予以处理。必要时可以对食品与店铺进行下架、清退处理，并充分利用大数据的技术优势，跟踪造假、售假链条，积极协助执法机关办案。同时要定期选取、推介优秀商家进行推广，形成良好的竞争氛围，维护有序的市场环境。当发生诉讼时，电商平台还应及时依法配合司法机关采取措施，解决纠纷。

在市场经济环境下，需要各相关方依法依规、群策群力，共同营造良好的食品经营环境，保障人民群众的食品安全。

案例二

食品区分

——购买过期药品能否依据《食品安全法》主张惩罚性赔偿

刘承祖[①]

一直以来，我国十分重视消费者权益保护，特别是以《食品安全法》《消费者权益保护法》为代表的惩罚性赔偿条款的制定，对于打击不法商家，净化市场环境而言具有重要的意义。但是任何法律都有自己的适用范围，并非所有的不合格产品都能适用《食品安全法》等有关的惩罚性赔偿规定。因此，区分普通食品、药品、保健食品、农产品的法律属性是正确适用法律的基础，也是本文的讨论重点。

案情回顾

张庭常年患有慢性疾病，2019 年 4 月 10 日下午，张庭通过网络购药APP，在同城的药店里购买了 4 盒新开河参。药品送到后，张庭发现所购新开河参有效期截至 2018 年 2 月，已经过期一年多了。张庭随即带着购买的新开河参亲自去药店要求退款并赔偿，遭到药店拒绝。第二天，张庭向消协投诉，要求药店退货并按照购物款十倍赔偿，后调解无果。张庭向当地监管部门投诉，监管部门检查后认定药店销售的新开河参已过期，按照伪劣药品处理，依据《药品管理法》相关规定，没收药店销售的新开河参并对药店处以罚款。

张庭在行政机关依法对药店作出处罚后，再次就退款和赔偿问题与药店沟通，在无任何进展的情况下，向法院提起诉讼，请求判令药店退还购物款并支付购物款十倍赔偿金。

原告张庭认为：我国《食品安全法》明确规定，禁止经营超过保质期的食品。该药店作为专业食品药品经营企业，应保证所销售食品不超过保质期，

① 北京互联网法院综合审判一庭法官助理。

但该药店在新开河参已过期一年多的情况下，仍然进行销售，主观上存在过错。根据《食品安全法》第一百四十八条第二款规定："生产不符合食品安全标准的食品或者经营明知是不符合食品安全标准的食品，消费者除要求赔偿损失外，还可以向生产者或者经营者要求支付价款十倍或者损失三倍的赔偿金……"故药店应当退还购物款并支付购物款十倍赔偿金。

在法庭上，被告药店辩称：新开河参由医药公司生产，用于预防、治疗人的疾病，在外包装上标明了主治功能，其检验标准为药品检验标准，说明涉案产品是药品，不是食品，不适用《食品安全法》及其十倍赔偿的惩罚性赔偿规定。同时，涉案产品外包装标示了有效期，但该有效期不属于国家强制性规定，不违反药品管理法律法规，不应等同于《食品安全法》中规定的保质期，原告主张解除合同关系、退还购物款，缺乏事实和法律依据。

法院经审理认为，这是一起购物合同纠纷案件，合同相对方为张庭与药店，双方当事人在平等、自愿、意思表示真实的基础上签订的买卖合同，其内容没有违反国家法律、行政法规禁止性规定，合同合法有效。本案的争议焦点在于在药店购买的新开河参是否为普通食品，能否适用《食品安全法》十倍赔偿规定。

对此，法院经依法审理，认为涉案的新开河参从生产到销售均系依据药品的相关法律法规进行生产经营和监督管理，因此，涉案的新开河参应认定为药品，而非普通食品。张庭依约完成了支付货款的义务，药店将不符合安全标准的药品销售给原告，已经违约，原告请求退还相应货款，应予以支持。根据《最高人民法院关于审理食品药品纠纷案件适用法律若干问题的规定》的相关规定，消费者主张支付价款十倍赔偿金仅适用于食品，并不适用于药品纠纷案件。故张庭要求药店支付购物款十倍赔偿金于法无据，不予支持。

法理分析

（一）《食品安全法》十倍惩罚性赔偿条款的立法沿革

上述案件中主要争议的内容为《食品安全法》中十倍赔偿条款的适用，

十倍赔偿究竟从何而来，让我们通过下文进行学习。2009 年 6 月 1 日，公众期待已久的《食品安全法》开始施行，首次出现十倍赔偿条款的规定，其中第九十六条规定："违反本法规定，造成人身、财产或者其他损害的，依法承担赔偿责任。生产不符合食品安全标准的食品或者销售明知是不符合食品安全标准的食品，消费者除要求赔偿损失外，还可以向生产者或者销售者要求支付价款十倍的赔偿金。"这是继《消费者权益保护法》建立惩罚性赔偿机制之后的又一重要制度构建。2015 年 10 月 1 日起施行的新修订《食品安全法》将原第九十六条变更为第一百四十八条，并就相关内容进行修改，主要变化为补充规定："……增加赔偿的金额不足一千元的，为一千元。但是，食品的标签、说明书存在不影响食品安全且不会对消费者造成误导的瑕疵的除外。"至此,《食品安全法》十倍赔偿条款确定下来，并在食品安全领域发挥了重要作用。

（二）惩罚性赔偿条款的法理分析

惩罚性赔偿也称报复性赔偿或者示范性赔偿，即赔偿数额超出实际损失数额的赔偿，主要用于补偿受害人的损失，同时严惩和遏制不法侵害行为。惩罚性赔偿最早确立于英美法系国家，并逐渐推广到世界各地。《食品安全法》的立法宗旨为保证食品安全，保障公众身体健康和生命安全。食品作为产品有其特殊性，食品安全关系消费者人身安全与健康，因此通过确立惩罚性赔偿制度对处于弱势地位的消费者进行一定的保护，遏制生产销售行业中同类违法行为的发生，给予消费者以充分的救济，实现社会的公平与正义，符合《食品安全法》的立法目的。故而，在《食品安全法》中引入惩罚性赔偿具有十分重要的意义。

（三）涉案产品为什么未适用十倍赔偿条款

根据《最高人民法院关于审理食品药品纠纷案件适用法律若干问题的规定》第十五条第一款的规定："生产不符合安全标准的食品或者销售明知是不符合安全标准的食品，消费者除要求赔偿损失外，依据食品安全法等法律规定向生产者、销售者主张赔偿金的，人民法院应予支持。”具体到张庭身上，其购买的新开河参虽然外观上和普通食品无异，但是根据产品标注信息可以看出，新开河参事实上依据药品生产、监管的规定进行规范，本质上为药品并非食品，庭审中，经向张庭多次释明其所购产品为药品，无法依据《食品安全法》主张十倍赔偿，张庭坚持认为涉案产品属于食品，故法院最终无法依照《食品安全法》的规定支持张庭的十倍赔偿请求。但应当注意的是，对于消费者购买到不符合药品质量要求的假药、劣药，在符合法定条件下，仍可以依照《药品管理法》的规定主张惩罚性赔偿。

知识拓展

通过上文的案例学习，相信大家对于食物在法律上分类的重要性有了一个初步的认识。其实在现有法律框架体系内，普通食品、药品、保健食品、农产品意义上的区分有其内在要求。为了进一步加深大家的理解，接下来让我们一起拓展相关知识。

（一）普通食品在法律意义上的区分

生活中我们经常接触的产品莫过于食品，有人会问：食品在法律上的定义是什么？依据《食品安全法》第一百五十条的规定，食品，是指各种供人食用或者饮用的成品和原料以及按照传统既是食品又是中药材的物品，但是不包括以治疗为目的的物品。由此可见，我国《食品安全法》意义上的食品范围相对广泛，既包括成品、原材料，也包括食药同源的物品。消费者对于成品、原材料并不陌生，成品如包装饮料、袋装食物等，原材料如白砂糖、红糖等。消费者对于食药同源食品可能比较陌生，下面通过一则案例进行学习。

【案例】小吴在刘平经营的“北京丰收直销店”淘宝店铺购买了 3 瓶“手工熬制老字号古方膏”。小吴收货后发现所买产品配料表中主要含有金银花、罗汉果成分，小吴认为金银花、罗汉果是药品的成分，因此其购买的“手工熬制老字号古方膏”是药品不是食品。小吴向市场监督管理部门投诉请求查处将药品当作食品进行销售的违法行为，后市场监督管理部门经依法检查认为“北京丰收直销店”不存在违法事由，未对刘平进行处罚。小吴选择向法院提起诉讼，以刘平违约为由请求法院判令退货退款。

法院经过审理认为，在本案中小吴购买的产品内确实含金银花、罗汉果成分。根据我国公布的《既是食品又是药品的物品名单》规定，金银花、罗汉果既可以作为食品，又可以作为药品成分，当被用于普通食品中时，其不应当再被视为药品，反之亦然。所以，刘平销售的产品中虽然含有金银花、罗汉果成分，但结合现有证据其应被视为食品，并非药品。最终，法院驳回了小吴的诉讼请求。

其实通过上述案例可以看出，虽然小吴购买的产品中添加有金银花、罗汉果，但是金银花、罗汉果按照传统既是食品又是中药材，所以可以作为食品进行加工销售，因此，消费者在进行维权时，一定要区分好所购产品属性。

（二）药品在法律意义上的区分

药品是一种特殊产品，为保证用药安全，我国制定了各种法律法规用以规范药品生产、流通、销售各环节。依据《药品管理法》第二条第二款的规定，药品，是指用于预防、治疗、诊断人的疾病，有目的地调节人的生理机能并规定有适应症或者功能主治、用法和用量的物质，包括中药、化学药和生物制品等。简单地讲，药品就是能够治疗疾病的物质。

如何区分所购产品是否为药品：依据《药品管理法》的相关规定，药品外包装上应印有批准文号，药品的批准文号是“国药准字 H、Z、S、J、B 或 F+8 位数字”（H 代表化学药品、Z 代表中成药、S 代表生物制品、J 代表进口药品国内分包装、B 代表具有辅助治疗作用的药品、F 代表药用辅料），且说明书会注明药品的通用名称、成份、规格、上市许可持有人及其地址、生产企业及其地址、产品批号、生产日期、有效期、适应症或者功能主治、用法、用量、禁忌、不良反应和注意事项等内容。

药品种类具体划分：药品又分为处方药和非处方药，处方药需有医生的处方才可取得，非处方药（OTC）不需要医生的处方。同时，非处方药又分为甲类和乙类，甲类可在具有《药品经营许可证》、配备药师的社会药店或医院药房购买；乙类在经过批准的普通零售店等均可购买。

综上所述，通过产品包装标识以及购买场所等可以初步判断购买的是否为药品以及具体为哪种药品。

（三）保健食品在法律意义上的区分

保健食品是我们生活中常见的一类物品，是《食品安全法》中明确规定的特殊食品的种类。保健食品主要是指，具有特定保健功能或者以补充微量元素等为目的的食品；适宜特定人群食用，能够调节机体功能，不以治疗疾病为目的，对人体不产生危害的食品。为指导保健食品警示用语标注，使消费者更易于区分保健食品与普通食品、药品，引导消费者理性消费，市场监管总局组织编制了《保健食品标注警示用语指南》，明确规定了保健食品应当标识的警示语，例如应当标识：保健食品是食品，不是药物，不能代替药物治疗疾病。

同时，根据我国《食品安全法》的相关规定，保健食品必须经过注册或备案。保健食品注册具体可分为两种情形：一种是原国家食品药品监督管理总局的国食健字 G 或 J（G 指国产，J 为进口）；另一种是原国家卫健委的卫食健字（卫食健进字）。在保健食品的包装或标签上方，必须有“保健食品‘蓝帽子’特殊标识 +‘保健食品’字样 + 批准文号”。此外，保健食品的标签、说明书上应有明确的食用量、适宜人群、不适宜人群等说明。通过上述保健食品的显著标准，可以比较容易地鉴别出想要购买的产品是否为保健食品。

（四）农产品在法律意义上的区分

除了上述提到的食品、保健食品、药品，生活中我们经常接触的产品还有农产品。农产品一般属于食品的范畴，但又由于其所具有的农业活动性及原料性导致其与《食品安全法》所规定的其他食品具有诸多不同。依据《农产品质量安全法》第二条第一款规定，农产品，是指来源于农业的初级产品，即在农业活动中获得的植物、动物、微生物及其产品。具体而言，农业活动，是指传统的种植、养殖、采摘、捕捞等农业活动，以及设施农业、生物工程等现代农业活动。植物、动物、微生物及其产品，是指在农业活动中直接获得的，以及经过分拣、去皮、剥壳、干燥、粉碎、清洗、切割、冷冻、打蜡、分级、包装等加工，但未改变其基本自然性状和化学性质的产品。例如，我们经常在超市中购买的初级蔬菜、未经加工的鸡、鸭、鱼等，都是初级农产品。

是否构成农产品不仅需要从外观上进行判断，还要判断这一活动是否来自农业活动。农业活动与食品生产活动存在较大的区别。同时应当注意，农产品的质量安全管理，应遵守《农产品质量安全法》的规定。但是，农产品的市场销售、有关质量安全标准的制定、有关安全信息的公布和对农业投入品的规定，应当遵守《食品安全法》。

普法提示

通过本文的学习，我们对于如何从法律上对食品、药品、保健食品、农产品进行区分应该有了基本的了解。但是，我们发现消费者在消费、维权时仍然存在一定的能力不足，经常面临误买误服、维权不力的情形。因此，我们通过下文进一步梳理学习食品鉴别、维权方面的知识。

（一）明确购买需求

消费者在网络购物时，有时不明确自身所需物品，随便买了一件便草草了事，到货后发现所购物品并非自身所需，却无法退货，后悔晚矣。因此，首先应当明确购物需求，有针对性地选取相关产品，并在购买前仔细阅读外包装、说明书等信息，做到有的放矢。以药品与保健食品为例，虽然二者在药店等均有销售，但是保健食品不能代替药品的治疗作用，因此，应做好明确区分，必要时可以询问专业人士或者查询相关规定。

（二）保留购物凭证

我国证据规则基本要求是“谁主张，谁举证”，因此消费者购物时，应注意保留好相关凭证，即便后期存在纠纷，也有据可凭。主要保留如下几方面信息。支付信息、聊天记录：付款信息、消费记录、聊天记录可以截图保存，一旦发生纠纷，该截图可以作为有效证据；发货单、快递信息：收到的包裹中一般会有一张发货单，这些可以作为销售凭证；快递记录：可以从购物平台网页或者快递公司网页中获取，作为相应凭证；交易快照：大部分购物网页具有交易快照功能，可以保留购买商品时的页面详情，当收货后发现货不对版，可用此作为证据；产品实物照片：商品照片是重要的证据之一，消费者应将涉案产品实物妥善保管，并拍照留存证据；发票：发票可以作为直接的维权证据，因此消费者在购买大宗商品时，最好向卖家索取发票。

（三）多渠道维权

法律是善良与公正的艺术，消费者应当依法进行维权。具体而言，消费者进行维权时，应提前做好相关法律知识铺垫，明确法律依据和具体维权内容。做好准备工作后，可以具体通过如下途径维权：其一，与卖家直接沟通，可通过电商的聊天工具或电话与卖家联系，就所购产品存在的相关问题与对方进行沟通协商，看对方能否妥善解决消费者提出的相应诉求。其二，如与卖家沟通不畅，可以向电商平台客服申请平台介入，并提供投诉所需材料（如详细订单信息、双方沟通记录、产品实物照片等），由平台进行裁决。以淘宝平台为例，可以通过“我的淘宝”中的“客服小蜜”，按步骤操作，必要时可转人工服务。其三，还可拨打市场监管热线 12315，或通过信函、互联网等形式向市场监管部门进行投诉。其四，可向法院提起诉讼，由法院进行司法裁决。

需注意的是，不同产品所依据的法律规范不同，例如不能将《药品管理法》的规定误用于食品。因此在维权时一定要找准适用法律，避免法律适用错误而出现维权不能的情形。

（四）正确理解惩罚性赔偿的适用范围

我国法律对于消费者权益保护惩罚性赔偿机制的规定，主要体现在《消费者权益保护法》和《食品安全法》之中，其中《消费者权益保护法》第五十五条是有关惩罚性赔偿机制的规定，主要规制经营者提供商品或者服务的欺诈行为，应当赔偿损失并额外赔偿消费者购买商品的价款或者接受服务的费用的三倍金额；如果额外赔偿金额不足500元，则按照500元计算。《消费者权益保护法》在限定范围方面比较广，只要是购买商品或者接受服务，受到欺诈的消费者均可以主张三倍惩罚性赔偿。而《食品安全法》第一百四十八条关于十倍惩罚性赔偿的规定，严格限定在食品方面，换言之，其他非食品如果不符合质量安全标准，不能适用该十倍赔偿的规定。

综上所述，消费者在请求惩罚性赔偿时，应严格根据法律的适用条件，合理选取法律依据及维权途径以维护自身合法权益。

案例三

食品标签

——进口食品未标注中文标签是否合法

刘承祖①

随着我们生活水平的提高，人们的物质生活得到了极大的丰富，供我们消费的进口食品种类越来越多，作为食品包装重要组成部分的食品标签内容是广大消费者获取食品信息的第一手途径，其重要性类似于身份证，对于生产企业和消费者而言均意义重大。然而在司法实践中，我们发现部分食品存在标注不规范的情形，以进口食品为例，部分经营者销售未标注中文标签的食品，这明显与我国现行法律法规相违背，侵害了消费者的权益。食品标签具体应该如何标注，下面我们通过一则案例进行学习。

案情回顾

家住北京市东城区的王飞今年30岁，在一家互联网公司工作。由于经常熬夜加班，为了夜间提神，王飞在网上搜索发现“小猫进口产品专营店”销售的一款日本产“绿碧茶园　白桃乌龙茶”提神效果很好，便尝试购买了两盒。付款后，卖家很快将产品打包寄送给王飞，王飞收到快递后兴高采烈地打开了外包装想要冲饮，打开后却傻了眼，他发现产品包装全是日文，分辨不出生产日期、生产厂家等对应中文信息，无法确定该产品的品质。王飞第一时间联系卖家，询问如何识别该产品包装上的文字，卖家称可以用外文翻译软件进行翻译，卖家无法提供具体的标签翻译信息。

王飞认为卖家销售没有中文标签的进口食品的行为违法，于是王飞聘请了律师，将卖家诉至法院，请求依据《食品安全法》等法律规定，判令解除与卖家的买卖合同并判令卖家支付十倍购物款。

① 北京互联网法院综合审判一庭法官助理。

卖家不同意王飞的诉讼请求。卖家表示，“绿碧茶园　白桃乌龙茶”进口自日本，并非产自中国，没有标注中文标签属于正常。日本的食品只有“赏味期”即保质期，虽没有生产日期，但为了强调食品安全，日本生产厂家在食品包装内外均存有标签，且在标签上注明赏味期。那么卖家的抗辩理由是否有法律依据呢？

法院经审理认为，王飞在卖家的店铺里购买“绿碧茶园　白桃乌龙茶”，双方之间形成买卖合同关系。该合同是双方当事人的真实意思表示，不违反法律、行政法规的强制性规定，合法有效。双方都应当按照约定履行自己的义务。该案的争议焦点就在于，国内销售的进口食品是否应当标注中文标签。

《食品安全法》第九十七条规定：“进口的预包装食品、食品添加剂应当有中文标签；依法应当有说明书的，还应当有中文说明书。标签、说明书应当符合本法以及我国其他有关法律、行政法规的规定和食品安全国家标准的要求，并载明食品的原产地以及境内代理商的名称、地址、联系方式。预包装食品没有中文标签、中文说明书或者标签、说明书不符合本条规定的，不得进口。”可见，在预包装食品包装上使用中文标签是《食品安全法》与国家强制性标准的共同要求，而未标识中文标签的行为亦将使购买者难以准确获得该食品与食品安全息息相关的信息。在本案中，“绿碧茶园　白桃乌龙茶”虽然产自日本，但在国内进行销售，应当符合中国的法律规定，现在“绿碧茶园　白桃乌龙茶”无中文标签，不符合我国《食品安全法》的上述规定，故法院判决解除双方之间的买卖合同并判令卖家额外支付购物款的十倍赔偿金。

法理分析

本案中主要存在以下几个问题：第一，国内销售的进口食品是否应当标注中文标签。第二，进口食品的中文标签应当标注的内容。第三，王飞为什么可以主张购物款的十倍赔偿。上述问题，在我国《食品安全法》中有明确的规定，接下来让我们逐一分析。

（一）国内销售的进口食品是否应当标注中文标签

针对第一个问题，答案是明确的，国内销售的进口食品应当标注中文标签，这是我国《食品安全法》的强制性规定。我国《食品安全法》第九十七条规定："进口的预包装食品、食品添加剂应当有中文标签；依法应当有说明书的，还应当有中文说明书。标签、说明书应当符合本法以及我国其他有关法律、行政法规的规定和食品安全国家标准的要求，并载明食品的原产地以及境内代理商的名称、地址、联系方式。预包装食品没有中文标签、中文说明书或者标签、说明书不符合本条规定的，不得进口。"此外，《预包装食品标签通则》（GB7718–2011）在"基本要求"中的第3.8条规定，"应使用规范的汉字（商标除外）"。

食品标签标注的目的是便于消费者获取食品的原产地、名称、规格、净含量、生产日期、保质期以及境内代理商的名称、地址、联系方式等与食品安全息息相关的信息，进口食品缺乏中文标签会使上述目的落空，不利于消费者知情权的保障，故进口食品应当标注中文标签。

（二）进口食品的中文标签应当标注的内容

针对第二个问题，如前文所述，我国法律明确规定进口食品应当有中文标签，那么在标签的标注方面一般应当依照国产食品标签的要求。根据《食品安全法》第六十七条规定："预包装食品的包装上应当有标签。标签应当标明下列事项：（一）名称、规格、净含量、生产日期；（二）成分或者配料表；（三）生产者的名称、地址、联系方式；（四）保质期；（五）产品标准代号；（六）贮存条件；（七）所使用的食品添加剂在国家标准中的通用名称；（八）生产许可证编号；（九）法律、法规或者食品安全标准规定应当标明的其他事项。专供婴幼儿和其他特定人群的主辅食品，其标签还应当标明主要营养成分及其含量。食品安全国家标准对标签标注事项另有规定的，从其规定。"因此，进口食品在中文标签标注方面应遵守《食品安全法》上述标注内容的要求。

（三）王飞为什么可以主张购物款的十倍赔偿

针对第三个问题，王飞的主张其实是有明确的法律依据的，根据《食品安全法》第一百四十八条第二款："生产不符合食品安全标准的食品或者经营明知是不符合食品安全标准的食品，消费者除要求赔偿损失外，还可以向生产者或者经营者要求支付价款十倍或者损失三倍的赔偿金；增加赔偿的金额不足一千元的，为一千元。但是，食品的标签、说明书存在不影响食品安全且不会对消费者造成误导的瑕疵的除外。"同时，《最高人民法院关于审理食品药品纠纷案件适用法律若干问题的规定》第十五条第一款规定："生产不符合安全标准的食品或者销售明知是不符合安全标准的食品，消费者除要求赔偿损失外，依据食品安全法等法律规定向生产者、销售者主张赔偿金的，人民法院应予支持。"

如上所述，进口食品标注中文标签是我国法律规定的强制性内容，因此如果未标注中文标签则不符合我国食品安全标准，王飞可以依据上述法律规范要求卖家支付价款十倍赔偿金。

知识拓展

通过上文的案例学习，相信大家对于进口食品的中文标签标注规范有了一个初步的认识。其实在现有法律框架体系内，对于食品标签的标注还有其他方面的规范。为了进一步丰富大家的知识，接下来让我们一起拓展相关规定。

（一）食品标签为繁体字是否符合我国法律规定

通过前面的案例学习，我们可以得知在我国销售的食品标注中文标签是强制性要求。随之而来，有人会问如果标注中文繁体字是否符合要求，下面让我们通过一则案例进行学习。

【案例】李云是一名在校高中生，闲暇时经常在网上购物。周末，李云在网上搜索发现一家名为“进口糖果直销店”的店铺销量还不错，李云当天便购买了3袋“进口糖果”，共付款300元。很快李云收到了快递包裹，李云收货后发现所买产品无简体中文标签，便通过聊天工具与卖家取得联系，要求卖家提供“进口糖果”的简体中文标签和进口报关手续，卖家一再推脱，并没有提供李云需要的材料。沟通无果后，李云选择向法院提起诉讼，请求法院判决双方退货退款。

卖家辩称，李云在其店铺所购买的产品属于我国台湾地区原装进口食品，既然是我国台湾地区原装进口，食品包装肯定是繁体字而不是中文简体字，电商平台进口食品大多数都不是中文简体字，随便进入任何一个网购平台都是如此，产品外包装盒上面也明确说明了使用方法、成分、不适用人群及生产日期等信息。综上所述，请求法院驳回李云的全部诉讼请求。

法院经审理认为，李云和卖家之间成立网络购物合同关系。我国《食品安全法》第九十七条规定：“进口的预包装食品、食品添加剂应当有中文标签；依法应当有说明书的，还应当有中文说明书。”同时，依据《〈预包装食品标签通则〉（GB7718–2011）问答》（修订版）第十二条的规定，“规范的汉字”指《通用规范汉字表》中的汉字，不包括繁体字。食品标签可以在使用规范汉字的同时，使用相对应的繁体字。可见，进口糖果外包装并无简体中文标签，应认定为不符合食品安全标准。故李云有权要求卖家退货退款。其实通过上述案例可以看出，进口食品应当标注中文标签且中文标签应为简体字，否则仍不符合《食品安全法》等法律法规的规定。

（二）食品标签缺少食用注意事项是否符合我国法律规定

消费者获取食品添加成分、食用注意事项等信息最直观、最便捷的方法是阅读外包装或者说明书的标注。如果缺少相关注意事项的标注，很容易影响消费者正常使用。以人参为例，部分食品中添加有人参成分，但却未标注食用注意事项，影响消费者正常食用。下面通过一则案例进行分析，供大家进一步学习。

【案例】张天成是一名购物达人，经常购买各类食品。春节期间，张天成在小区超市发现有一款功能饮料很畅销，出于好奇，张天成也买了几瓶和家人分享，后经家人提示发现配料表里含有人参成分，如果添加人参成分应当标注食用注意事项，但是这款功能饮料并没有标注。后张天成经消费者协会主持调解失败，向法院起诉请求判令卖家退货退款并赔偿十倍购物款。法院经审理认为，在这起购物合同纠纷中，根据国家卫计委《关于批准人参（人工种植）为新资源食品的公告》（2012年第17号）的规定，批准人参（人工种植）为新资源食品。人参（人工种植）的生产经营应当符合有关法律、法规、标准规定。食用量：≤3克/天，其他需要说明的情况：孕妇、哺乳期妇女及14周岁以下儿童不宜食用，标签、说明书中应当标注不适宜人群和食用限量。综上，张天成购买的功能饮料不符合食品安全标签标注要求，为不合格产品，法院判令卖家退货退款并按照《食品安全法》给予张天成购物价款的十倍赔偿。

（三）食品标签缺乏必要信息可能为三无食品

三无食品一般是指无生产日期、无质量合格证及无生产厂家，来路不明的食品，食用后可能导致呕吐、腹泻、甚至食物中毒。三无食品属于食品标签标注严重违法的情形，应当依法予以严处。下面通过一则案例一起学习如何鉴别三无食品。

【案例】刘佳是一名海产品爱好者，购物节期间从网店购买了“精制大扇贝干”一件。收货当天，刘佳食用后就出现腹泻症状。在家人陪同下，刘佳连夜在医院急诊治疗才控制住腹泻症状。刘佳病愈后，再次检查涉案食品，发现该食品包装上有如下问题：1. 无食品名称、规格、净含量；2. 无成分配料表；3. 无生产者的名称、地址、联系方式；4. 无营养成分及其含量；5. 无产品标准执行代号；6. 无食品生产许可证编号；7. 无生产日期和保质期；等等。刘佳在与卖家沟通后，卖家拒不提供相关包装扇贝干合法进货途径手续和销售预包装扇贝干的相关合法证件。无奈之下，刘佳委托律师向法院提起诉讼，请求法院判令卖家赔偿购物款的十倍。法院经审理认为，这是一起典型的网络购物合同纠纷案件。卖家销售的预包装食品缺乏生产日期、质量合格证、生产厂家等信息，属于三无产品，不符合食品安全标准。刘佳主张的诉讼请求于法有据，法院判决支持了刘佳的全部诉讼请求。

普法提示

食品标签看似微小，实则起到了重要的信息传输作用。虽然我国《食品安全法》《消费者权益保护法》等均对食品标签的标注进行了一定的规范，但司法审判中仍时有遇到食品标注违法的情形。这不仅伤害了消费者的利益，同时也损害了企业的信誉。因此，食品标签规范标注需要众人齐心协力，发现问题，解决问题。我们应当从以下几个方面着手。

（一）依法标注食品标签是生产者的法定责任

食品生产经营者应提升责任意识和法治意识，严格落实《食品安全法》《产品质量法》等明确规定的企业生产责任，严格落实法律法规规定的标签标注要求。具体而言，食品标签除在形式上符合《食品安全法》等规定的内容外，亦应注意标注内容要清晰，标签内容应完整、规范，使用规范的汉字，不使用暗示性的语言、图形、符号等。当生产过程中，出现食品标签不规范的情形，应及时纠正、销毁不合格标签，以免造成更大的负面影响。

（二）消费者应当加强学习，提升维权意识

消费者应了解《食品安全法》，学习《食品安全法》规定的权利、义务和责任，有针对性地阅读食品标签标注的内容，对于缺乏关键信息标注的食品，尽量不要购买，并及时向有关部门举报。当消费者自身权益受到侵害时，可以与商家协商沟通，达成和解协议，使纠纷得到解决；可以请求消保委调解，促进双方达成和解协议；可以向有关行政部门投诉，请求行政机关介入；可以根据双方当事人达成的协议，自愿将争议提交仲裁机构进行调解或者作出判断。如果纠纷持续得不到解决，消费者可以向法院提起诉讼，或者在投诉举报前直接向法院起诉，请求法院依照法定程序进行审判，符合一定条件

时，可依据《消费者权益保护法》《食品安全法》的规定，主张退货退款及惩罚性赔偿等。

（三）监管部门依法履职，加强食品安全宣传

各级监督管理部门应严格依法履行职责，完善规范商家的行政监管制度，将线上线下商家均纳入监管体系，规范行业秩序，从而确保消费者的合法权益得到保护。通过制度构建给予消费者权利与义务的有力保障，结合线上线下构建一个公平、合理、规范的交易平台，让网络购物逐渐具备一个生态良好的环境。

同时，各级人民政府应当加强食品安全的宣传教育，普及食品安全知识，鼓励社会组织、基层群众性自治组织、食品生产经营者开展食品安全法律、法规以及食品安全标准和知识的普及工作，倡导健康的饮食方式，增强消费者的食品安全意识和自我保护能力。特别是可以通过开展普法进校园活动，向广大师生定期宣讲食品标签标注方面的知识，既能丰富其课余活动，又能增强其鉴别能力。

（四）食品行业协会应加强行业自律

行业协会是一种民间性组织，在提升食品经营安全方面具有重要的作用。应当发挥行业协会的作用，加强行业自律，按照章程建立健全行业规范和奖惩机制，提供食品安全信息、技术等服务，引导和督促食品生产经营者依法生产经营，推动行业诚信建设，宣传、普及食品安全知识。消费者协会和其他消费者组织可以对违反《食品安全法》规定、损害消费者合法权益的行为，依法进行社会监督，必要时将相关线索及时移送司法机关。

在市场经济环境下，需要各相关方依法依规、群策群力共同营造良好的食品经营环境，保障消费者的人身、财产安全。

案例四

外卖食品

——如何守护消费者舌尖上的安全

孟丹阳[1]

随着互联网技术的不断发展，消费需求日趋多元化。网上订餐等新型消费方式使消费者足不出户即可买到各类食品，极大地便利了消费者。由此，网上订餐逐渐成为备受人们青睐的生活方式之一，这一现象在上班族、年轻消费群体中体现得尤为突出。据第 44 次《中国互联网络发展状况统计报告》[2]，截至 2019 年 6 月，我国网上外卖用户规模达 4.21 亿，手机网上外卖用户规模达 4.17 亿。

此外，新冠肺炎疫情进一步催生了“宅经济”的发展，电子商务平台充分发挥了物流配送在民生保障上的积极作用。为尽可能减少消费者外出采购和人员聚集，电商、超市、社区等联合，大力推进社区团购和集中配送业务。外卖平台服务不断扩展，配送服务覆盖并偏重社区服务、同城物流、跑腿服务。各外卖平台相继推出更多品类、更广范围、更高效率的配送服务。越来越多的消费者选择在线购买肉蛋奶、蔬菜水果等生活必需品。

面对庞大的外卖市场和消费群体，如何让消费者买得放心、吃得舒心，其中涉及的责任主体是多方的，也只有多方努力，才能营造安全放心的食品环境，守护消费者舌尖上的安全。

案情回顾

小王从小就喜欢吃烧烤。2018 年 7 月 18 日 19 时 38 分，小王的母亲王某通过手机美团外卖向 XS 小吃店下单外卖食品一份，包括烤豆角、香菇、

① 北京互联网法院审管办（研究室）法官助理。

② 中国互联网络信息中心：第 44 次《中国互联网络发展状况统计报告》，2019 年 8 月。

金针菇等，共花费 84.5 元。20 时 07 分，烧烤外卖送达。

第二天 17 时，小王开始出现腹痛、腹泻、呕吐等症状，病情严重且不见好转。王某急忙带小王到社区卫生服务站就诊，医护人员检查后判定情况严重，建议转至上级医院就诊。同日 18 时，小王转诊进入 C 市中心医院接受进一步诊断治疗，被确诊为急性肠胃炎，小王随即入该院急诊科治疗并于 26 日出院。前后两次就诊，王某分别花费医药费 158 元和 2599.14 元。

此外，9 月 6 日 C 市市场监督管理局因 XS 小吃店未执行进货查验记录制度而对其作出行政处罚决定，对其处以罚款人民币 1000 元的行政处罚。

小王及王某认为，食物中毒系由食用外卖所致，遂与 XS 小吃店多次协商支付小王的医药费 2757.14 元、误工费 750 元、护理费 933 元、伙食补助费 1000 元、交通费 259.8 元及精神损失费 14300.06 元等，因 XS 小吃店拒不支付，故小王将该小吃店诉至法院要求赔偿。

一审法院认为，当事人对自己提出的诉讼请求所依据的事实或者反驳对方诉讼请求所依据的事实，应当提供证据加以证明。原告未能提供确凿有效的证据证实其食用被告经营食物及其急性肠胃炎与被告有因果关系，故其要求被告赔偿的请求法院不予支持。①

原告不服，上诉至 C 市中级人民法院。

二审法院认为，餐饮经营者应为消费者提供安全放心的食品，落实食品安全的日常管理措施，及时发现食品质量安全隐患，不得销售不符合法律规定的食品。对于过期食品、变质食品和存在安全隐患的食品，一旦发现问题应立即停止销售并及时向工商行政机关报告，完善售后服务，妥善解决纠纷，共同维护食品安全消费环境。7 月 18 日 19 点 38 分，上诉人小王的法定代理人通过手机美团外卖向被上诉人 XS 小吃店订购外卖烧烤一份。上诉人小王食用外卖烧烤后数小时内出现腹痛、腹泻等症状，并于 7 月 19 日到社区卫生服务站及 C 市中心医院就诊并住院治疗。被上诉人 XS 小吃店发现食品安

---

① （2018）冀 0802 初 4497 号，来源于中国裁判文书网，根据编写需要对部分情节有所加工，案例中当事人均为化名。

全事故或疑似食品安全事故后，未向所在地县级人民政府卫生部门和食品药品监督管理部门报告，也未封存且未告知上诉人小王封存导致或者可能导致食品安全事故的食品及其原料、工具、设备和现场，违反了《餐饮服务食品安全监督管理办法》的相关规定，故对于上诉人小王在食用外卖烧烤后患急性肠胃炎的情况，被上诉人 XS 小吃店对此事发生和处理均存有过错，应对上诉人小王就医所发生的费用承担相应赔偿责任。鉴于上诉人小王发病时间较长，其法定代理人王某自称上诉人小王出现腹痛、腹泻等症状后曾多次与其通电话说明病情，因自身工作原因，未能安排上诉人小王及时到医院就医，延误了就医时间，对因自身原因造成的扩大损失部分二审法院不予支持。①

下面将围绕一、二审法院的不同裁判结果，以及二审法院判决中不予支持的部分诉讼请求进行法理分析。

法理分析

（一）一、二审法院的裁判结果缘何不同

在上述案例中，争议焦点在于原告急性肠胃炎是否由食用被告提供的外卖所致，即缺陷食品与损害后果的因果关系证明问题。一审法院因为原告没有提供确凿证据证明其食用被告经营的食物与其患急性肠胃炎之间的因果关系，遂驳回了原告的全部诉讼请求。二审法院却部分支持了原告的诉讼请求。如何理解一、二审法院的不同裁判结果？

实践中，基于单个消费者的弱势地位，其对于损害后果的发生与缺陷食品之间的因果关系，存在举证难的现实困境。考虑到小王及王某提供的发病就诊时间节点和相关诊断结果，初步证明了损害后果与被告提供的食物有关，相应的举证责任转移到 XS 小吃店。而 XS 小吃店发现食品安全事故或疑似食品安全事故后，未向所在地县级人民政府卫生部门和食品药品监督管

① （2018）冀 08 终 4100 号，来源于中国裁判文书网，根据编写需要对部分情节有所加工，案例中当事人均为化名。

理部门报告，也未封存且未告知小王及王某封存导致或者可能导致食品安全事故的食品及其原料、工具、设备和现场，无法对食品进行采样证明食物的安全性。小吃店主张小王患急性肠胃炎可能是由自身原因所致的抗辩事实及理由，缺乏相应依据。

二审法院认为，餐饮服务提供者有义务为消费者营造食品安全的消费环境。根据《餐饮服务食品安全监督管理办法》第二十二条第一款的规定："餐饮服务提供者发生食品安全事故，应当立即封存导致或者可能导致食品安全事故的食品及其原料、工具及用具、设备设施和现场，在 2 小时之内向所在地县级人民政府卫生部门和食品药品监督管理部门报告，并按照相关监管部门的要求采取控制措施。"据此，二审法院认为被上诉人（一审被告）发现食品安全事故或疑似食品安全事故后，未向所在地县级人民政府卫生部门和食品药品监督管理部门报告，也未封存且未告知上诉人（一审原告）封存导致或者可能导致食品安全事故的食品及其原料、工具、设备和现场，违反了《餐饮服务食品安全监督管理办法》的相关规定。被上诉人（一审被告）对于食品安全事故的发生及处理有过错，应就原告就医所花费的费用承担相应责任。

二审法院的判决没有对消费者苛以过高的举证责任，而是充分权衡了消费者和餐饮服务提供者的相关过错及责任承担方式，既有助于保护消费者的合法权益，又有利于规范餐饮服务提供者的行为，营造健康安全的消费环境。

（二）二审法院为何只支持了原告的部分上诉请求

二审法院最终的裁判结果支持了原告主张的医药费用，对于其他费用没有予以支持，这其中包含了哪些考量依据呢？

根据《合同法》第一百一十九条（现已失效，相关规定见《民法典》第五百九十一条）的减损规则："当事人一方违约后，对方应当采取适当措施防止损失的扩大；没有采取适当措施致使损失扩大的，不得就扩大的损失要求赔偿。当事人因防止损失扩大而支出的合理费用，由违约方承担。"这一规则的设置既充分权衡了双方当事人的风险收益，有利于维护双方的合法利益，体现了公平原则；又鼓励受害人积极面对违约行为，在能力所及范围内采取合理措施减轻或避免本可以避免的扩大损失，体现了诚实信用原则。

法院经审理查明，上诉人小王发病时间较长，其法定代理人王某自称上诉人小王出现腹痛、腹泻等症状后曾多次与其通电话说明病情，因自身工作原因，未能安排上诉人小王及时到医院就医，延误了就医时间。因此原告法定代理人在明知原告出现身体不适的情况下，没有积极采取措施减少损失的发生，对于因自身原因造成的扩大损失部分，法院没有支持由违约方来承担赔偿责任。该判决充分考量了减损规则的适用，以提醒受害人及时采取适当的措施减轻损失，避免社会资源的浪费。

知识拓展

消费者网上订餐时，不像在实体店选购食品，可以考察店面、厨房卫生环境是否干净、有无营业执照、食材是否新鲜等，如果外卖食品安全质量不达标或存在服务质量问题，消费者如何维护自身合法权益呢?

（一）入驻外卖平台的商户资质存在问题，平台是否负有责任

2018 年 12 月 22 日，原告小杨在 L 公司开设的网络食品交易第三方平台饿了么上购买了入网餐饮服务提供者 W 公司售卖的麻辣烫一份，订单金额为 20 元。饿了么公司在平台上公示：饿了么向消费者郑重承诺，我平台已经对入网餐饮服务提供者的食品经营许可证进行了严格的实地审查，并保证入网餐饮服务提供者食品经营许可证载明的经营者名称、经营场所、主体业态、经营项目、有效期等许可信息合法、真实、准确、有效。小杨于 B 市食品药品监督管理局网站对食品经营许可企业进行查询得知，W 公司于 2018 年未取得食品经营许可证。于是，小杨将饿了么公司起诉至法院。

法院认为，原告在被告经营的饿了么外卖平台上购买 W 公司经营的食品，被告属于网络食品交易第三方平台，根据《食品安全法》第一百三十一条第一款的规定，违反本法规定，网络食品交易第三方平台提供者未对入

网食品经营者进行实名登记、审查许可证，或者未履行报告、停止提供网络交易平台服务等义务的，由县级以上人民政府食品安全监督管理部门责令改正，没收违法所得，并处五万元以上二十万元以下罚款；造成严重后果的，责令停业，直至由原发证部门吊销许可证；使消费者的合法权益受到损害的，应当与食品经营者承担连带责任。被告作为网络食品交易第三方平台，按照法律规定以及被告于所经营的饿了么外卖平台上作出的承诺，理应履行审查入网食品经营者的食品经营许可证的义务，但被告未履行该义务，使原告购买到了无食品经营资质商家制作的食品，原告的合法权益受到损害，被告应与食品经营者 W 公司承担连带责任。由此可知，未对入驻平台的商家尽到审查义务，平台应承担与商家的连带责任。[①]

（二）网上订餐或“云买菜”中，食品价格不合理上涨怎么办

疫情期间，大家都响应号召，减少外出活动，做好居家隔离。消费者纷纷选择“无接触式购物”，线上采购粮油肉蛋菜奶等生活必需品。各地也积极推出网络版菜篮子和米袋子，增设社区网点，实现集中采购和同城配送，通过跑腿服务打通居民生活消费的“最后一公里”。据悉，美团、京东、饿了么等几大外卖平台大力推动社区生鲜服务，美团买菜、京东到家、叮咚买菜等订单量大增。盒马鲜生、每日优鲜、苏宁生鲜等生鲜电商的用户和订单量也都逆势上涨。在此期间，粮油肉蛋菜奶等生活必需品大幅涨价，消费者该怎么办？

依据我国相关通知的规定，疫情期间经营者将商品大幅涨价，属于价格违法行为，市场监管部门应当依据《价格违法行为行政处罚规定》对经营者进行处罚，构成犯罪的追究刑事责任。物价部门要做好疫情防控期间社区团购、集中配送商品的价格监管。建议消费者遇到价格不合理上涨的情况，及时向电商平台举报，向工商、物价及政府有关部门举报投诉，或者向法院诉

---

① （2019）京 0491 民初 26918 号，来源于中国裁判文书网，根据编写需要对部分情节有所加工，案例中当事人均为化名。

讼，通过多种方式维护自身合法权益。

（三）外卖服务质量出现问题，消费者是否有权退款并获得赔偿

外卖送餐中，如遇在预计送达时间内未及时送达等情况，会造成消费者不好的购物体验，面对这些外卖服务质量问题，消费者该如何维权？若消费者取消订单，是否有权退款并获得相应赔偿？

应区分具体情况。根据《民法典》第四百六十五条：“依法成立的合同，受法律保护。依法成立的合同，仅对当事人具有法律约束力，但是法律另有规定的除外。”外卖平台及旗下入驻的商户共同为消费者提供外卖送餐服务，消费者通过平台下单并支付全部餐费及配送费，双方之间的服务合同关系依法成立。如果因送餐延误，消费者未获得购买的外卖，是否有权退款，应具体分析送餐时间是否为合同明确约定的条款以及外卖没有准时送达的原因。根据《消费者权益保护法》第二十六条第一款的规定，经营者在经营活动中使用格式条款的，应当以显著方式提请消费者注意与消费者有重大利害关系的内容，并按照消费者的要求予以说明。如果合同明确约定预计送达时间不是合同的内容条款，应采用足以让消费者注意的约定方式，说明预计送达时间是平台经营者根据平台整体运营情况，在考量系统历史订单大概配送用时数据后形成的合理预判，可能受到订餐量、天气、道路交通状况等很多不确定因素的综合影响，尽到相应的提示义务。如果商户未尽到上述提示说明义务，消费者有权主张平台违约并获得赔偿。相应的赔偿责任是由商户还是外卖平台承担，需要具体考察是因未准时出餐还是未及时配送。由于消费者只能通过订餐软件查看配送进度，无法得知出餐及骑手到店的准确时间，因此商户及外卖平台应对出餐时间、到店取餐时间负举证义务。

一般情况下，平台 APP 会通过用户协议或者 APP 某板块信息将预计送达时间的相关测算情况及与实际送达时间的差异影响情况切实告知用户，主观上不存在欺骗消费者的情况。因此，法院在裁判此类案件时，一方面要充分保障消费者的合法权益不受侵犯，尊重消费者的知情权和公平交易权；另一方面，还要尊重平台市场化运作机制，充分考虑行业特征、交易特性以及

行业惯例等，通过裁判树立正面的价值导向，规范平台经济在法治轨道上向上向好发展。

普法提示

民以食为天。为守护消费者舌尖上的安全，各方主体要恪守法律、通力配合，保障网上订餐的食品安全和服务质量，筑牢各环节的安全堤坝。

（一）审查商家资质

第三方电商平台做好入网商家资质的事先审查，对入网经营者进行实名登记，审查入驻平台的经销商资质信息以及供货商资质证书等，建立登记档案，杜绝无证无照商家和产品入驻平台，并定期核验更新，保证入驻商家及供货商的身份真实有效。消费者通过网络交易平台购买商品或者接受服务，其合法权益受到损害的，可以向销售者或者服务者要求赔偿。网络交易平台提供者应提供销售者以及提供配送服务者的真实姓名、地址和有效联系方式。

（二）追溯食品安全

由平台和生产商、销售商共同建立食品安全可溯源体系。追溯生鲜食品来源，了解食品采摘、预冷包装、出厂检测报告、运输车辆及车厢温度、收货抽检、上架销售等全链条信息，保障产品生产、运输、存储、销售等各环节的安全卫生。

（三）规范配送服务

疫情期间，配送服务更要符合相关安全标准。根据商务部办公厅、国家卫生健康委办公厅联合印发的《零售、餐饮企业在新型冠状病毒流行期间经营服务防控指南》，外卖配送员需遵守无接触配送服务规范标准，避免配送过程中与顾客面对面接触。为落实相关规定，平台、物流公司应加强管理培训，要求采购、分装、送货人员均要佩戴口罩、手套，配送公司应对配送人员进行健康状况监控检查，对违规操作要加以处罚。消费者也要监督执行，遇到问题及时反映，共同保障食品安全。

（四）释明重要信息

建议外卖平台在订单中对送达时间作出明确说明。根据《消费者权益保护法》，经营者在经营活动中使用格式条款的，应当以显著方式提请消费者注意与消费者有重大利害关系的内容。消费者应仔细阅读用户服务协议，注意平台上显示的预计送达时间是作为商家对消费者承诺的合同条款，还是仅作为参考依据。

（五）倡导理性消费

消费者应尽量选择口碑过硬、信誉度有保障的外卖或生鲜电商平台。通过用户评价、订单量等情况进行综合评判。消费者选购食品时多关注包装物或标签上注明的信息，尽量选择包装正规、标识清晰的食品。建议消费者提前查询疫情期间平台内门店营业信息及线上配送时间，在合理时间段内下单。

（六）学会依法维权

消费者发现存在质量问题的，应及时保存订单截图、产品实物、产品照片等证明质量问题的证据，及时与平台客服联系申请退换货或退款，或向有关行政部门投诉、向法院起诉。如果出现身体不适，应及时就医，如果因个人原因导致就医不及时，造成损害扩大，相关损失需自行承担。

第二章

交通出行

案例一

旅游产品

——网络平台明知或应知信息不符是否应当承担连带责任

张夏意[1]

近年来，随着经济的发展和消费方式的转变，越来越多的人倾向于用旅行的方式放松身心。OTA 在线旅游平台（Online Travel Agency）的蓬勃发展使得众多线下旅行社与其达成合作协议。消费者在线上就有多类型、不同档次、不同组合方式的旅游产品可供选择。但与此同时，消费者与商家、OTA 平台产生了错综复杂的法律纠纷，我们通过下面的案例来了解一下。

案情回顾

王冰是一个旅行爱好者，利用闲暇时间走遍祖国的大江南北是她一直以来的愿望。通过重重筛选，她把目标定在了温暖的三亚。王冰通过“启明网”搜索到“三亚豪华三天四晚游”度假产品。该产品宣称旅游者可入住包括“三亚海棠湾凯宾斯基酒店”“三亚香格里拉度假酒店”“三亚华宇亚龙湾迎宾馆”在内的五星豪华酒店，游览包括天涯海角、亚龙湾、南山文化旅游区、蜈支洲岛等景点，其中还包括浮潜项目、网红拍照项目和豪华海鲜自助晚餐项目。

王冰于 2019 年 4 月 23 日通过启明网购买了 2 份“三亚豪华三天四晚游”旅游产品，付款 5592 元。结果踏上旅游行程的王冰发现实际情况与旅游产品的描述简直是天差地别，王冰先后入住了“三亚香格里拉度假酒店”“三亚华宇亚龙湾迎宾馆”两个酒店，发现两酒店的硬件设施和服务水平均达不到五星级酒店的标准，两酒店并不是“五星级酒店”。并且旅行团也没有去到旅游产品介绍中提到的天涯海角、蜈支洲岛景点，期待已久的浮潜项目并没有进行，网红拍照项目仅是导游用手机匆忙拍摄的，所谓豪华海鲜自助晚

① 北京互联网法院综合审判二庭法官助理。

餐也仅是几乎没有海鲜的简陋晚餐。

然而，失望而归的王冰却于5月17日花费5520元再次购买2份该“三亚豪华三天四晚游”度假产品，于5月18日花费11050元再度购买4份该产品，三次共购买了8份该旅游产品，共花费22162元。王冰向启明公司进行投诉，在投诉过程中，王冰得知在自己第一次购买该旅游产品时，启明公司已接到多起消费者关于此种旅游产品的投诉。王冰认为启明公司的行为构成欺诈，向工商部门投诉，北京市工商行政管理局海淀分局认为启明公司的上述行为构成骗取消费者价款或者费用而不提供或者不按照约定提供商品或者服务的违约行为，对该公司罚款10000元。后王冰以启明网、中贸商务旅行社为共同被告，向法院提起诉讼。王冰向法院提出以下诉讼请求：1.两被告退还其支付的消费款项22162元，并向其支付三倍赔偿金66486元；2.两被告承担证据保全公证费1200元；3.两被告承担本案的诉讼费用。

启明网不同意王冰的诉讼请求，认为启明网的行为不构成欺诈，原告王冰的行为属于知假买假。中贸商务旅行社提出了以下答辩意见：王冰明知道所入住的不是五星级酒店，旅行行程与旅游产品页面中有所差别，却重复购买，属于知假买假。启明网录入的信息存在偏差，商家无法对其进行修改。

法院经审理认为，消费者享有知悉其购买、使用的商品或者接受服务的真实情况的权利。消费者通过网络交易平台购买商品或者接受服务，其合法权益受到损害的，可以向销售者或者服务者要求赔偿。经营者提供商品或者服务有欺诈行为的，应当按照消费者的要求增加赔偿其受到的损失，增加赔偿的金额为消费者购买商品的价款或者接受服务的费用的三倍。

中贸商务旅行社出售的“三亚豪华三天四晚游”旅游产品，针对旅游者入住酒店的标准、旅游地点、旅游项目提供的服务与宣传内容不符，会误导消费者，导致王冰因陷入错误认识于4月23日购买该旅游产品，应当依法承担法律责任。

电子商务平台经营者知道或者应当知道平台内经营者销售的商品或者提供的服务不符合保障人身、财产安全的要求，或者有其他侵害消费者合法权益行为，未采取必要措施的，依法与该平台内经营者承担连带责任。本案中，在王冰于4月23日第一次购买该旅游产品之前，启明网已经受理多起消费者对该旅游产品的投诉，应当知道中贸商务旅行社提供的旅游产品存在侵害消费者利益的行为，但未采取下架等必要措施，应当依法与中贸商务旅行社承担连带责任。

王冰于2019年4月23日通过启明网购买了中贸商务旅行社提供的旅游服务产品，并于同年5月9日接受了相应服务，此时王冰即发现其所接受的服务与启明网上的宣传不符。王冰在了解到中贸商务旅行社提供的服务与其宣传内容不符后，仍继续购买上述服务，其行为属于意识到上述服务瑕疵后主动接受并选择该服务，故王冰在2019年5月17日及以后的购买与消费行为不属于受到经营者欺诈而产生的消费。

法理分析

（一）虚假宣传

1.《消费者权益保护法》中虚假宣传的界定

目前，理论与实务界尚未对虚假宣传形成统一的概念。《消费者权益保护法》第二十条第一款规定，经营者向消费者提供有关商品或者服务的质量、性能、用途、有效期限等信息，应当真实、全面，不得作虚假或者引人误解的宣传。根据法律规定，虚假宣传可总结为宣传的内容与事实情况不符，意图使消费者产生错误认识。本案中，“三亚豪华三天四晚游”旅游产品关于酒店等级、旅游行程、旅行项目等重要事项的宣传与事实情况不符，并具有通过虚假宣传使消费者购买该产品的主观目的，构成虚假宣传。

2.《消费者权益保护法》中虚假宣传的责任承担

研究虚假宣传的责任承担，首先要明确虽然经营者的服务欺诈行为大多以虚假宣传的方式实施，但并非所有虚假宣传均应被认定为欺诈行为。《消费者权益保护法》的以下条款涉及虚假宣传的责任承担：

（1）《消费者权益保护法》第四十五条第一款和第二款规定，消费者因经营者利用虚假广告或者其他虚假宣传方式提供商品或者服务，其合法权益受到损害的，可以向经营者要求赔偿……广告经营者、发布者设计、制作、发布关系消费者生命健康商品或者服务的虚假广告，造成消费者损害的，应当与提供该商品或者服务的经营者承担连带责任。

（2）《消费者权益保护法》第五十五条第一款规定："经营者提供商品或者服务有欺诈行为的，应当按照消费者的要求增加赔偿其受到的损失，增加赔偿的金额为消费者购买商品的价款或者接受服务的费用的三倍；增加赔偿的金额不足五百元的，为五百元。法律另有规定的，依照其规定。"

那么，如何认定虚假宣传是否构成欺诈呢？认定为欺诈行为应当审查经营者是否具有欺诈故意，是否实施欺诈行为，消费者陷入错误认识的后果以及因果关系。关于虚假宣传构成欺诈的认定，还可以对虚假宣传的内容是否构成要约，是否为合同重要条款，虚假宣传的方式致使消费者被误导的可能性等问题进行关注。

本案中，中贸商务旅行社实施了虚假宣传行为，并具有通过虚假宣传致使消费者购买该产品的主观目的。王冰于 2019 年 4 月 23 日第一次购买"三亚豪华三天四晚游"的旅游产品时，因受商家的虚假宣传误导，购买了该旅游产品，被告的行为构成欺诈。而王冰在 5 月 9 日接受该份旅游产品的服务，并发现了其中的问题后，于 5 月 17 日、5 月 18 日再度购买的旅游产品，属于意识到上述服务瑕疵后选择该服务，并未受到商家宣传行为的误导，被告的行为不构成欺诈。

（二）网络平台的连带责任

《电子商务法》第三十八条第一款规定："电子商务平台经营者知道或者应当知道平台内经营者销售的商品或者提供的服务不符合保障人身、财产安全的要求，或者有其他侵害消费者合法权益行为，未采取必要措施的，依法与该平台内经营者承担连带责任。"另外，在《电子商务法》颁布之前，《消费者权益保护法》第四十四条第二款就规定："网络交易平台提供者明知或者应知销售者或者服务者利用其平台侵害消费者合法权益，未采取必要措施的，依法与该销售者或者服务者承担连带责任。”上述条款均明确平台经营者在一定情况下，要对平台内经营者的行为承担连带责任。

在《电子商务法》的立法过程中，关于电子商务平台经营者是否承担责任以及承担何种责任的问题，理论界和实务界存在多种不同的意见：一是电子商务平台经营者应当对其平台内交易中的明显违法行为承担连带责任；二是电子商务平台经营者应当对其平台内的交易行为进行监控和管理，对于平台内经营者的违法行为均应承担连带责任，而不论违法行为是否明显；三是电子商务平台经营者在知道其平台内经营者存在违法行为时，有制止违法行为的义务，如其不作为，则应承担连带责任；四是电子商务平台经营者在知道或者应当知道平台内经营者存在违法行为时，有制止违法行为的义务，如其不作为，则应承担连带责任。在平衡电子商务平台责任承担及消费者权益保护后，立法者作出了《电子商务法》第三十八条第一款的规定，既有利于消费者的举证和权益保护，又有利于促使电子商务平台经营者尽到管理职责，也避免了对其审查义务的过分苛责。

根据《电子商务法》第三十八条第一款的规定，平台经营者承担连带责任有以下三个构成要件。第一，平台内经营者存在特定违法行为。包含两种情形：一是平台内经营者销售的商品或者提供的服务不符合保障人身、财产安全的要求；二是有其他侵害消费者合法权益的行为。第二，电子商务平台经营者知道或者应当知道平台内经营者存在特定违法行为。“知道”是指电子商务平台经营者已经知晓平台内经营者的相关违法事实。电子商务平台经营者在履行相应审核义务的过程中，在接到特定主体通知或者举报时均可知晓平台内经营者存在特定违法行为。但“知道”是一种主观的心理状态，对于平台经营者知晓违法行为的事实举证，消费者举证难，法院认定难，平台经营者容易逃避责任。而“应当知道”，可以通过考虑以下因素进行综合认定，如平台经营者提供服务的性质、危险程度、平台经营者对上述违法行为的控制能力以及采取的相关管控措施，平台经营者对同一经营者的重复违法行为而采取的管控措施等。第三，电子商务平台经营者未采取必要措施。“必要措施”是指电子商务平台经营者对平台内经营者采取删除、屏蔽、断开链接、暂时中止对该平台内经营者提供服务等限制交易、提供足以控制违法行为和阻止损害发生的有效措施，还包括提醒消费者注意等附随义务。

本案中，中贸商务旅行社所提供的服务与其宣传严重不符，将入住的非五星级酒店宣传为豪华五星级酒店，并且旅游行程、旅游项目也与其页面宣传严重不符，存在违法行为。而王冰提供证据证明了启明网在王冰第一次购买旅游产品“三亚豪华三天四晚游”前接到多起消费者关于此旅游产品的投诉，可认定为启明网知道或者应当知道中贸商务旅行社存在虚假宣传行为，但启明网并未采取任何措施，仍然在平台提供该份旅游产品，所以启明网应当与中贸商务旅行社承担连带责任。

知识拓展

（一）关于“知假买假”

所谓“知假买假”，就是消费者在明知即将购买的商品或服务存在质量瑕疵的情况下，仍然购买、使用商品和接受服务的行为。“知假买假”有的是基于个体消费者的侥幸心理，有的是个别群体的专业行动。

《消费者权益保护法》第二条规定，消费者为生活消费需要购买、使用商品或者接受服务，其权益受本法保护。《消费者保护法》第二十三条第一款规定，经营者应当保证在正常使用商品或者接受服务的情况下其提供的商品或者服务应当具有的质量、性能、用途和有效期限；但消费者在购买该商品或者接受该服务前已经知道其存在瑕疵，且存在该瑕疵不违反法律强制性规定的除外。

（二）《电子商务法》中规定的网络平台经营者的主要义务

1. 身份信息核验和登记义务

电子商务平台经营者应当要求申请进入平台销售商品或者提供服务的经

营者提交其身份、地址、联系方式、行政许可等真实信息，进行核验、登记，建立登记档案，并定期核验更新。这一方面是确保消费者或者交易相对人在平台上进行交易时如果出现纠纷，能够及时快速地确定相关当事人；另一方面也是国家对电子商务进行有效监管的前提条件。

2. 身份信息报送义务

电子商务平台经营者应当按照规定向市场监督管理部门报送平台内经营者的身份信息。电子商务平台经营者应当依照税收征收管理法律、行政法规的规定，向税务部门报送平台内经营者的身份信息和与纳税有关的信息。需要注意的是，本条规定的数据报送义务是有严格限定的，首先是限于平台内经营者的身份信息，其次是与纳税有关的信息。

3. 记录、保存商品和服务信息、交易信息的义务

电子商务平台经营者应当记录、保存平台上发布的商品和服务信息、交易信息，并确保信息的完整性、保密性、可用性。信息的完整性对应的是数据的真实性和未被篡改。信息的保密性对应的是平台必须建立相应的数据信息安全机制，避免被第三方不法窃取或者发生泄露。信息的可用性对应的是数据通过一定的格式被进行了整理，便于查询和调取。商品和服务信息、交易信息保存时间自交易完成之日起不少于三年；法律、行政法规另有规定的，依照其规定。

4. 公示服务协议和交易规则的义务

电子商务平台经营者应当在其首页显著位置持续公示平台服务协议和交易规则信息，或者上述信息的链接标识，并保证经营者和消费者能够便利、完整地阅览和下载。这有助于约束和规范平台经营者在拟定服务协议与交易规则上单方面的决定权以及保障相对人的知情权。

5. 对违法违规行为处置信息的公示义务

电子商务平台经营者依据平台服务协议和交易规则对平台内经营者违反法律、法规的行为实施警示、暂停或者终止服务等措施的，应当及时公示。交易平台经营者在实际的运营中往往会承担一定管理性质的职能，如对平台内经营者实施关闭店铺、公示警告和查封账户等。对这些信息进行公示，一方面有助于利益相关者及时知情，并且采取相应的补救措施；另一方面有助于警示其他的平台内经营者诚实守信地开展经营活动。

6. 标记区分自营业务的义务

电子商务平台经营者在其平台上开展自营业务的，应当以显著方式区分标记自营业务和平台内经营者开展的业务，以此与平台内经营者的义务相区分。在开展自营业务的情况下，平台应作为合同一方当事人承担法律责任，而不能主张自己的平台身份。

普法提示

随着越来越多的消费者选择在OTA平台上购买旅游产品，商家运用了各种宣传手段来吸引消费者购买自己经营的旅游产品，这其中包含了众多商家的所谓套路和骗局。消费者在购买旅游产品时一定要谨慎下单，以免被商家套路。以下列出一些商家的骗局和消费者的防骗攻略。

（一）欺诈式销售套路多，耐心查阅、询问是关键

有消费者在OTA平台上预定了“深度巴黎著名景点游”的旅游产品。然而事实上，所有景点都只能远远地看一眼外观。为了避免这种情况，消费者在下单前应当知晓详细行程，包括景点游览时间、游览方式、费用承担方式。要注重证据的保留，包括旅行前的宣传页面截图、与客服的咨询沟通记录，旅行过程中发现行程与合同有差别时也要重视证据留存。

（二）服务标准不明晰，注意鉴别是关键

商家经常使用一些文字游戏来误导消费者，比如“准×星级酒店”“豪华标准”“尊享体验”。消费者一定不要被商家的文字游戏所蒙蔽，对于行程中的餐饮、住宿、交通工具、娱乐项目等各类规范与标准都应清楚掌握，并根据商家资质、用户评价等信息注意鉴别。

（三）低价团产品有陷阱，谨慎购买是关键

“88 元游遍香港”“288 元新马泰带你走”这类宣传标语层出不穷。然而实际上，低价的旅游团队大多通过强制消费者购物、强迫消费者参加自费项目等方式牟取不正当利益以弥补团费。这就需要消费者对此类低价团产品提高警惕，预估风险，避免因购买低价旅游产品反而导致花费高昂，或者因住宿、餐饮与交通条件过差出现“花钱买罪受”的情况。

案例二

OTA 平台预订界面信息错误是否构成欺诈

李绪青[①]

案情回顾

2018 年 8 月 6 日，王蓉想要前往惠东巽寮湾游玩，于是使用任游公司经营的“任你游 APP”搜索该地附近的酒店。其看到怡景酒店宣传页面的宣传照，显示有高尔夫球场（标题：惠东巽寮湾怡景度假酒店健身娱乐设施）、健身房（标题：惠东巽寮湾怡景度假酒店健身房）、沙滩（标题：惠东巽寮湾怡景度假酒店私人海滩）等图片；同时其浏览酒店详情介绍，酒店设施中的活动设施一栏载明：“KTV 歌厅、棋牌室、保龄球场、高尔夫球场、健身室……私人海滩。”王蓉看到酒店的介绍，认为该酒店设施齐全，既有沙滩又可以享受这么多娱乐设施，便预订了该酒店的客房，入住日期为 2018 年 8 月 8 日至 8 月 10 日，房型为雅致海景双床房 2 间，至尊海景双床房 2 间，房价共计 11055 元。2018 年 8 月 8 日，王蓉前往怡景酒店入住时发现，怡景酒店的环境和提供的房间没有其在“任你游 APP”上宣传得那么优美，存在严重的欺诈。王蓉感到十分不满，便提出不入住，但遭到怡景酒店的拒绝。怡景酒店称若不入住预先支付的款项都无法返还。万般无奈下，王蓉只能办理入住。事后，王蓉认为怡景酒店的虚假宣传行为严重侵害了其合法权益，构成欺诈，故将怡景酒店诉至法院，要求怡景酒店向其赔偿 33165 元。

被告怡景酒店辩称：“1. 原告所主张的责任不应当由怡景酒店承担。原告所称的欺诈是其主观判断而非客观事实，原告作为消费者在发生消费行为前应当对消费项目有所了解，并且行使自主选择权利，其预订行为是发生在

① 北京互联网法院综合审判一庭法官助理。

‘任你游 APP’上的，应当由任游公司承担责任。2. 原告所称在提出不入住时被我司拒绝的情况并不存在。通过任游公司预订酒店，预付款项若无其他原因或不购买任游公司指定的保险是无法返还的。3. 原告的入住行为是其自愿选择，并且在入住后直至退房期间并未反映任何问题，也未向我司进行投诉。4. 原告所主张索赔金额是其支付的服务费用的三倍，但本案审理的是服务合同纠纷，即便认定我方需承担责任，也应当依据实际产生的影响和损失，对于责任及赔偿金额部分进行拟定。单凭《消费者权益保护法》便追索所谓的三倍赔偿不仅违背事实，也违背合同法律原则。”

法院经审理认为，“任你游 APP”上关于怡景酒店的图片、酒店介绍、房型等信息均由被告怡景酒店提供。原告主张被告怡景酒店虚假宣传主要体现为没有高尔夫球场、私人海滩、健身房，而在网上宣传有上述设施。根据被告怡景酒店在“任你游 APP”上宣传的信息显示，被告怡景酒店以酒店官方图片的形式上传了高尔夫球场、健身室、沙滩等图片，标题均为惠东巽寮湾怡景度假酒店健身娱乐设施、健身室、私人沙滩区等；同时在酒店详情页面，被告怡景酒店在活动设施中注明有高尔夫球场、健身室、私人海滩等。根据上述宣传信息，消费者有理由相信上述设施均在被告怡景酒店内即可享有。而被告怡景酒店辩称中航物业区内存在健身室、高尔夫球场等消费项目，沙滩则在酒店对面 60 米沿岸，名字就叫“私人海滩”，明显与上述宣传信息存在较大差距。因此，法院对原告主张被告怡景酒店虚假宣传，存在欺诈行为的主张，予以采信。最终，法院判决怡景酒店赔偿王蓉 33165 元。

那么，王蓉主张惩罚性赔偿的依据是什么？欺诈的构成要件是什么？如何认定欺诈？

法理分析

当消费者认为在交易过程中遭受欺诈时，可以依据《消费者权益保护法》主张三倍惩罚性赔偿。《消费者权益保护法》第五十五条第一款规定：“经营者提供商品或者服务有欺诈行为的，应当按照消费者的要求增加赔偿其受到的损失，增加赔偿的金额为消费者购买商品的价款或者接受服务的费用的三倍；增加赔偿的金额不足五百元的，为五百元。法律另有规定的，依照其规定。”本案中，王蓉认为怡景酒店宣传页面上的宣传照与实际情况不符，构成欺诈，故诉至法院主张三倍惩罚性赔偿。

那么，欺诈的构成要件是什么呢？构成欺诈必须同时具备以下四个要件：（1）欺诈人有欺诈的故意。（2）欺诈人实施了欺诈行为。（3）被欺诈人因欺诈而陷入错误。（4）被欺诈人因错误而为意思表示。

很多人会疑惑，在日常生活中，我们会与他人签订一系列合同，难免会出现相对方履行不能的情况。相对方履行不能，是欺诈还是违约呢？实际上在交易过程中，不论是欺诈还是违约，都将对一方当事人的合法权益造成损害，但欺诈与违约有着严格的区别。违约是指一方或双方当事人违反双方约定的行为。具体分析，欺诈与违约的区别表现在以下两个方面：

第一，在主观方面，欺诈方具有欺诈的故意，而违约方在主观方面既可以是故意也可以是过失。第二，在客观方面，欺诈和违约都是一种民事违法行为，但两者有着严格的区别，欺诈方实施的行为是直接对民事法律强制或禁止性规定的违反；违约行为是直接对具有民事法律效力的有效合同的违反。欺诈的行为包括作为的欺诈行为和不作为的欺诈行为。但不作为的欺诈行为应严格界定：一是具有法定的说明义务，而不向对方说明；二是不履行根据诚实信用原则所产生的说明义务，如产品的使用方法、性能、隐蔽瑕疵等重要情况。在客观方面，违约方的违约行为必须是违反了双方的约定。此外，二者还存在主体、客体和法律责任等方面的不同。

与本案相结合，根本的问题在于：第一，主观上是否有欺诈的故意；第二，客观上是否如实告知真实情况。因为合同欺诈和违约（实际违约）是在同一行为的不同阶段对不同义务的违反，前者是在合同的订立阶段对诚信义务（具体表现为某些法定义务）的违反，目的是促成合同的订立；后者是在合同订立之后，对合同约定的义务的违反。而且，由于欺诈行为的行为人的主观心理状态只能是故意的，故欺诈行为的认定标准要严格狭小；违约则采用严格责任原则，只要有违约行为，即构成违约。

本案中，怡景酒店提供的酒店客房明显是违反约定的。所以，只要认定怡景酒店的行为是否构成欺诈即可。怡景酒店在合同订立时所负有的告知义务包括酒店设施的情况、周围环境的情况、房型价格以及各种房型内的情况等，以使消费者对此有充分的、真正的了解。那么怡景酒店在主观上是否有欺诈的故意呢？很明显怡景酒店之所以将本不属于酒店所有的健身娱乐设施制作成宣传照放在宣传页面上进行宣传，就是为了让消费者看到这些宣传照片后误以为这些均为酒店的配套设施，并且预订入住，进而能够扩大酒店的营业收入。据此，我们能够推定酒店在主观上具有欺诈的故意。尽管怡景公司辩称所有的配套设施均在酒店的周围，入住酒店的旅客均可享用，但是其在宣传页面上的介绍均冠以“怡景酒店”的头衔，足以让消费者认为这些配套设施均为酒店所有，在酒店内即可享用。综合上述情况，王蓉因怡景酒店的虚假宣传照而误以为酒店拥有相关的配套设施，进而预订了怡景酒店的客房，可以认定怡景酒店的行为构成欺诈。

知识拓展

下面我们将讲述另一个案例，以便读者更深入地理解“欺诈”这一概念。

2019 年 3 月 20 日，潘帅准备于 7 月前往香港游玩，于是通过随心公司的“随心走 APP”预订香港的酒店。潘帅点开香港港丽酒店的预订界面浏览发现，7 月 26 日入住 7 月 27 日离店与 7 月 27 日入住 7 月 28 日离店的豪华山景行政套房分别仅需 2164 元与 2214 元，这个价格仅是平时的一半。预订界面显示该房型的介绍为：70m^2，1 张 1.8m 大床，无烟，山景。潘帅觉得自己捡了大便宜，便预订了这两晚入住港丽酒店的豪华山景行政套房。但是其在支付界面发现预订的酒店信息为：7 月 26 日入住 7 月 27 日离店与 7 月 27 日入住 7 月 28 日离店的豪华客房，房型介绍为大 / 双床，代理商为远途国际。之后，潘帅认为随心公司在其 APP 中展示图片与实际房型不符，且预订的房型与确认函上的房型也不符，随心公司存在故意隐瞒事实的情况，导致其错误消费，构成欺诈。因此，潘帅另行从“希尔顿 APP”上预订涉案酒店的豪华客房，同时以随心公司存在欺诈为由起诉至法院，要求随心公司返还住宿款 4596.9 元并给付惩罚性赔偿 13790.7 元。

被告随心公司辩称，在潘帅下单的同一时段，随心公司一共收到了 120 个相同的订单，但由于酒店客房库存不足的缘故，只成功确认了 57 个订单。随心公司在接到潘帅的投诉后，就订单界面显示内容与确认单信息不符的问题与潘帅进行协商，并表示愿意承担差价使潘帅可以入住豪华山景行政套房。而潘帅在协商中以其预订的房型有双人床但升级为豪华山景行政套房仅有一张床为由，不同意随心公司的处理方案。随心公司表示原订单并未承诺一定提供双床房，若潘帅需要，愿意承担加床的费用。至此，潘帅仍不同意随心公司的方案，随心公司担心旅客届时无法入住酒店，便主动向代理商支付差价将涉案订单升级为豪华山景行政套房。因此，随心公司不同意潘帅的全部诉讼请求。

法院经审理后认为，潘帅通过随心公司“随心走 APP”预订酒店，随心公司亦发确认单予以确认，双方形成了预订酒店的服务合同关系。潘帅根据“随心走 APP”预订酒店界面显示的信息及报价预订了 2019 年 7 月 26 日、7 月 27 日两晚在香港港丽酒店的住宿。随心公司认可因其订房界面上的显示出现参数错误，导致潘帅上述预订界面显示的豪华山景行政套房信息与潘帅后收到的确认单上的豪华客房信息不符。为此，随心公司为弥补其过失，已自愿负担差价将涉案订单升级为豪华山景行政套房，并表示可承担加床费用，应视为已按照约定履行合同。而潘帅不同意随心公司的解决方案，拒绝入住。现潘帅以随心公司不能提供双床房为由未按时入住上述预订房间，并非合理的抗辩事由，故对其主张随心公司退还住宿费及保险费共计 4596.9 元的诉讼请求，法院不予支持。

为什么都是预订界面显示的内容错误，法院的处理方式却不一样呢？就第二个案例而言，首先确认函上显示的实际房源信息与酒店预订界面的信息明显不符，其次随心公司积极采取填补差价的方式弥补消费者可能因为自身错误造成的损失，在此情形下，法院认为随心公司并非故意在涉案酒店的宣传页面上设置错误信息误导消费者消费。由于法院难以直接获悉行为人实施行为时的主观过错程度，通常都会通过考虑行为人实施该行为是否能够获利、是否可能存在错误操作、事后解决问题的方式等进行推定。

我国法律目前对欺诈的规定主要集中在《民法典》《消费者权益保护法》《反不正当竞争法》等法律之中，后两部法律表明国家立法越来越重视对正常市场秩序的建立和维护，并开始重视对消费者利益的保护。对于经营者和消费者二者利益如何兼顾的问题，关键就在于严格依据法律，坚持公平正义。在倾向于保护消费者利益、保护弱者的强大呼声中，经营者的合法利益往往被忽视，而正常的市场秩序并非是一方的强大和另一方的孱弱，更非是依情感而治的。只有拥有足够多的诚信的经营者，才能保证市场的活力，市场才能健康地存在发展下去。因而，只有具体分析客观事实，作出合法认定，公平地维护双方的合法利益，才能维护正常的市场秩序，保护正常经营的经营者，限制和打击非正常的经营活动，进而更好地保护消费者的利益。

普法提示

通过上述两个案例，我们能够看到在民事领域中，法院认定欺诈时慎之又慎，必须完全符合四个构成要件时才能认定。此外，有一个关于合同法律法规方面的知识需要向读者讲解。上述两个案件的案由是不同的，第一个案件是旅店服务合同纠纷，第二个案件是网络服务合同纠纷。旅店服务合同纠纷是指旅店向旅客和其他人员提供房屋住宿、设备和其他服务活动并向旅客或其他人员收取费用的协议引发的争议。网络服务合同纠纷是指网络服务商给消费者提供通路以及使消费者与因特网连线的中介服务或者提供内容服务的合同引发的争议。这两种合同最大的区别就是签订合同的主体不一样，一种系消费者直接面向旅店，而另一种系消费者面向网络服务商。在第一个案件中，虽然王蓉系通过“任你游 APP”预订酒店，但是实际与其签订合同的对象是怡景酒店；而在第二个案件中，潘帅是用“随心走 APP”预订了酒店，但实际系通过网络服务商与第三方代理商签订合同。这也提醒消费者，在使用 OTA 平台预订酒店时，需要先分辨服务合同提供方的身份，如果标注了

“自营”，那么合同的相对方就是相应的平台；如果标注了“代理商某某公司”，那么合同的相对方就是平台与酒店之外的第三方；如果标注了“官方、某某酒店”等，那么合同的相对方就是酒店方。在这里，我们建议消费者尽量选择由平台自营或者酒店自营提供的服务，这样法律关系相对简单，发生纠纷时协商处理起来比较方便。

随着中国在线旅游市场的发展，OTA 平台已经成为时代趋势，现在越来越多的人出行依赖于通过 OTA 平台预订出行工具及酒店。一趟旅途是否舒心，入住酒店的体验往往在很大程度上起着决定作用。如今的酒店市场，不仅有传统的酒店 OTA 平台和渠道，随着住宿市场的多样化，民宿行业也在不断扩张，一批民宿 OTA 平台也随之崛起。面对如此众多的平台，消费者应当如何选择？平台又要扮演一个什么样的角色呢？

对于消费者来说，首先，在注册平台账号时，要仔细阅读平台用户协议，不要简单勾选了事，要了解平台所提供的服务以及相关的规则。其次，在选定酒店时，要仔细阅读关于房型的介绍以及相应的服务条款，有些平台会显示酒店预订“不可取消”“限时取消”，在预订这些酒店时必须十分谨慎，如果不是十分确定的行程不建议预订。同时，我们也看到很多平台可以购买“取消险”，消费者可以根据自己的需要进行购买来避免自己的损失。同时，消费者在平台预订酒店后也可以联系酒店核实自己的订单情况。再次，如果因预订酒店问题发生纠纷，消费者可以及时与平台和酒店沟通解决，同时可以拨打 12345 热线进行投诉。最后，如果上述渠道无法解决纠纷，可以到法院提起诉讼。

对于平台而言，首先，应当做到诚实守信经营，严格履行对消费者作出的承诺。其次，应当严格审核代理商的资质以及酒店上传的相关材料，为消费者提供准确的信息。再次，与消费者发生纠纷时，应当为消费者提供相应的投诉反馈渠道，协助消费者化解纠纷矛盾。最后，如果涉诉成为被告，应当积极应诉，行使自己的诉讼权利。

案例三

关闭值机后继续提供订票服务是否构成违约

张夏意[①]

当前，由于交易的便利性和提供选择的多样性，越来越多的消费者选择在 OTA 平台上购买机票。只需输入乘机时间和往返地点，覆盖数十家航空公司的所有符合要求的机票即出现在页面上，供消费者挑选，节省了消费者搜索与选择的时间成本。但在司法实践中，消费者与各 OTA 平台、航空公司因退改签问题、价格问题、服务费问题产生了一系列的争议，我们通过下面一个案例来了解一下。

案情回顾

王阳是某网络公司职员，经常会有紧急事项需乘飞机出差。2018 年 9 月 11 日 19 时 11 分，王阳通过翱翔公司经营的“翱翔网”手机客户端预订了一张大连到上海的机票，票价 890 元，19 时 12 分票款支付成功。“翱翔网”随即短信提示“已出票：订单 HO3718 大连周水子机场—上海浦东机场 T1，9 月 11 日 19：50—9 月 11 日 21：45 Wang Yang，票号：781-2892887197 共享航班，实际乘坐 MU5626，请至少提前 2 小时到东航柜台值机。”王阳办理值机手续时，被机场告知已于 19 时 10 分关闭值机。得知这一消息后，王阳立刻拨打了翱翔网的客服电话，多次拨打后被告知已出票不能退票。着急赶往上海的王阳，直接新买了 1 张大连—上海的机票出发。在后续多次与翱翔网的沟通中，王阳均未得到满意的答复。于是，王阳将翱翔公司起诉至北京互联网法院。王阳提出以下三点诉讼请求：1. 翱翔公司返还王阳支付的消费款项 890 元；2. 翱翔公司向王阳支付三倍赔偿金 2670 元；3. 本案诉讼费用由翱翔公司承担。

① 北京互联网法院综合审判二庭法官助理。

王阳认为翱翔公司在关闭值机后没有及时下架过期机票并且提示出票完成，误导用户完成购买和支付，属于欺诈行为。在王阳向东方航空公司热线咨询的录音中，客服人员强调了关闭值机后出票是不正常的，并表示关闭值机时间是对外公布的重要信息，是公开透明的。

翱翔公司不同意王阳的诉讼请求，提出了以下几点抗辩意见：第一，王阳预订的机票属临近起飞时间的航班（距离航班起飞时间不足 1 小时），因国内每个机场停止办理值机的时间各异，即使是同一个机场，不同日期也可能会有调整，考虑到部分用户有购买临近航班的需求，所以翱翔网不会禁止商户投放此类客票，但是在预订过程中会通过显著方式在显著位置连续三次进行提示。第二，就涉案订单，翱翔网多次对王阳进行提示，第一次为 19：08：06 时刻点击航班搜索结果页，页面提示先确认可值机再预订；第二次为 19：08：40 时刻进入代理商报价页，会再次相应提示；第三次为 19：11：09 时刻进入订单填写页面，最后一次进行提示。第三，翱翔公司不存在欺诈行为，翱翔网在王阳预订机票过程中尽到了必要的显著提示义务，王阳理应按照提示内容先到值机柜台核实确认可以值机后再进行预订，现因其忽略页面提示自愿冒险，则需本着诚实信用原则对自己的过错行为承担全部法律责任。

法院经审理后认为，经营者应当保证在正常使用商品或者接受服务的情况下其提供的商品或者服务应当具有的质量、性能、用途和有效期限。涉案机票预订业务为翱翔网自营，翱翔公司作为平台经营者应当承担服务提供者的民事责任。翱翔公司在涉案航班关闭值机后继续向王阳提供该航班机票预订服务，明显超出了该项服务的有效期限，其行为构成违约，应当承担违约责任。王阳要求翱翔公司退还其购票款 890 元的诉讼请求，法院予以支持。

对于王阳要求翱翔公司按照票价金额支付三倍赔偿金的诉讼请求，法院认为，一方当事人故意告知对方虚假情况，或者故意隐瞒真实情况，诱使对方当事人作出错误意思表示的，可以认定为欺诈行为。翱翔公司所提供的服务虽然存在严重瑕疵，但从其对邻近起飞时间的机票进行了弹窗提示并由用户勾选的行为来看，翱翔公司对其提供的购票服务并无欺诈的故意。对于王阳关于翱翔公司构成欺诈的主张，法院不予采纳，对王阳要求翱翔公司按照票价金额支付三倍赔偿金的诉讼请求，法院不予支持。

案件判决后，原、被告双方均未上诉。

法理分析

本案主要存在以下两个问题：一是翱翔网的行为是否构成违约；二是翱翔网的行为是否构成欺诈。下面我们结合相关法律规定来具体分析一下。

（一）翱翔公司的行为是否构成违约行为

违约行为是指当事人违反合同义务的行为，我国《合同法》第一百零七条（现已失效，相关规定见《民法典》第五百七十七条）采用了“当事人一方不履行合同义务或者履行合同义务不符合约定”的表述来阐述违约行为的概念。违约行为具有如下特点：一是违约行为的主体是合同关系的当事人；二是违约行为是以有效的合同关系的存在为前提的；三是违约行为在性质上都违反了合同义务；四是违约行为在后果上都导致了对合同债权的侵害。

由于违反合同义务的性质、特点不同，违约行为呈现出不同的违约形态。根据履行期限是否到来，违约行为可以分为预期违约和实际违约两种类型。预期违约是指在履行期限到来之前一方无正当理由而明确表示其在履行期到来之后将不履行合同，或者其行为表明其在履行期到来之后将不可能履行合同。实际违约是指在履行期限到来以后，当事人不履行或不完全履行合同义务。

实际违约主要有以下几种类型：第一，拒绝履行。拒绝履行指在合同期限到来以后，一方当事人无正当理由拒绝履行合同规定的全部义务；第二，迟延履行。迟延履行是指合同当事人的履行违反了履行期限的规定；第三，不适当履行。不适当履行是指当事人交付的标的物不符合合同规定的质量要求，合同履行具有瑕疵；第四，部分履行。部分履行是指合同虽然履行，但履行不符合数量的规定。

本案中，翱翔公司与王阳之间成立了网络服务合同关系，翱翔公司作为合同当事人应当承担服务提供者的民事责任。翱翔公司应当保证其提供的商品和服务的质量。翱翔公司在涉案航班关闭值机后继续向王阳提供该航班机票的预订服务，明显超出了该项服务的有效期限，合同履行具有瑕疵。翱翔公司未适当履行合同，其行为构成违约。《合同法》第一百一十一条（现已失效，相关规定见《民法典》第五百八十二条）规定，“质量不符合约定的，应当按照当事人的约定承担违约责任。对违约责任没有约定或者约定不明确，依照本法第六十一条的规定仍不能确定的，受损害方根据标的的性质以及损失的大小，可以合理选择要求对方承担修理、更换、重作、退货、减少价款或者报酬等违约责任。”故王阳要求翱翔公司退还其购票款 890 元的诉讼请求并无不当。

（二）翱翔公司的行为是否构成欺诈行为

在民法上，欺诈是指以使他人陷入错误并因而为意思表示的目的，故意陈述虚伪事实或隐瞒真实情况的行为。欺诈行为的构成需要以下四个要件：一是欺诈行为，一方当事人故意告知对方虚假情况，或者故意隐瞒真实情况，可以认定为欺诈行为；二是欺诈的故意，包括使相对人陷入错误的故意和使相对人因陷入错误而为一定意思表示的故意；三是因果关系，相对人因欺诈行为而陷入错误，并且因该错误而作出意思表示；四是欺诈需违反法律，违反诚信原则。

本案中，翱翔公司所提供的服务具有严重瑕疵。但是翱翔公司在王阳点击航班搜索结果页、进入代理商报价页、进入订单填写页面时，均提示王阳先确认可值机再预订，可看出翱翔公司并没有隐瞒值机时间，从而使王阳陷入错误而购买机票的主观故意。故翱翔公司的行为不构成欺诈。

知识拓展

通过上文的案例学习，大家对于违约行为与欺诈行为有了一个初步的认识。其实构成违约责任的情形众多，违约责任的承担方式也呈现多样化的特点。另外，违约责任承担方式中的损害赔偿以补偿性为原则，而《消费者权益保护法》第五十五条规定的惩罚性赔偿制度则以惩罚为目的，两者有什么联系和区别呢？为了帮助大家系统学习，让我们一起来拓展相关知识。

（一）违约责任的特点及主要形式

违约责任是指合同当事人因违反合同义务所承担的责任。合同一旦生效，即在当事人之间产生法律拘束力，当事人应按照合同的约定全面、严格地履行合同义务，任何一方当事人违反合同所规定的义务均需承担违约责任。我国《民法典》第五百七十七条规定："当事人一方不履行合同义务或者履行合同义务不符合约定的，应当承担继续履行、采取补救措施或者赔偿损失等违约责任。"

违约责任具有如下特点：第一，违约责任以合同的有效为前提；第二，违约责任是合同当事人不履行合同义务所产生的责任；第三，违约责任具有相对性，只能在合同关系的当事人之间发生；第四，违约责任主要具有补偿性，与惩罚性赔偿不同。

违约责任的承担形式主要有以下三种：第一，实际履行。作为一种违约后的补救方式，实际履行是指在一方违反合同时，另一方有权要求其依据合同的约定继续履行。实际履行的适用需具有以下几个条件：一是违约行为的存在；二是非违约方须在合理期限内提出继续履行的请求；三是须依据法律和合同的性质能够履行；四是实际履行在事实上是可能的，在经济上是合理的。第二，损害赔偿。损害赔偿是指违约方因不履行合同义务而给对方造成损失，依法和依据合同的规定应承担的赔偿损失的责任。第三，支付违约金。我国《民法典》第五百八十五条第一款规定："当事人可以约定一方违约时应当根据违约情况向对方支付一定数额的违约金……"违约金是指由当事人通过协商预先确定的，在违约发生后作出的独立于履行行为以外的给付。

（二）损害赔偿与惩罚性赔偿

损害赔偿是债务人因不履行合同债务所承担的责任。原则上，损害赔偿原则仅具有补偿性而不具有惩罚性，从等价交换原则出发，损害赔偿的范围是因违约遭受的全部损害。其主要目的在于弥补或填补债权人因违约行为所遭受的损害后果。惩罚性赔偿，是指由法院判令加害人支付给受害人的超过其财产损失范围的一种金钱赔偿。其适用的主要目的在于惩罚不法行为人，制止不法行为的发生，抚慰受害人心理上的痛苦。

在特殊情况下，为保护特定法益，在合同法律规定中采用惩罚性赔偿，作为损害赔偿的例外。在美国法中，惩罚性损害赔偿主要适用于被告具有暴力、滥用权利、恶意、欺诈等行为的案件，一般主要用于侵权案件中。在我国，为了充分保护消费者的利益，《消费者权益保护法》第五十五条第一款规定："经营者提供商品或者服务有欺诈行为的，应当按照消费者的要求增加赔偿其受到的损失，增加赔偿的金额为消费者购买商品的价款或者接受服务的费用的三倍；增加赔偿的金额不足五百元的，为五百元。法律另有规定的，依照其规定。"为最大限度保障消费者的生命与健康，保证食品安全，《食品安全法》第一百四十八条第二款规定："生产不符合食品安全标准的食品或者经营明知是不符合食品安全标准的食品，消费者除要求赔偿损失外，还可以向生产者或者经营者要求支付价款十倍或者损失三倍的赔偿金；增加赔偿的金额不足一千元的，为一千元。"以上条款的损害赔偿超过了受害者实际遭受的财产损失，属于惩罚性赔偿。

（三）机票超售的法律责任问题

【案例】上海一对小夫妻想利用休假出国度蜜月，于是在起航航空公司官网购买了两周后飞往欧洲的机票，并对15天的欧洲之旅作出了完美的安排。然而等他们赶到机场时，却被起航航空公司告知因机票售罄，不能登机。两人在航站楼里耽误了一天，第二天才坐上飞机，整个行程也被打乱。事后，夫妻俩以起航航空公司隐瞒真实情况，超售机票，构成欺诈为由，要求起航航空公司承担责任。起航航空公司以超售系行业惯例为答辩理由。法院经审理认定，起航航空公司没有欺诈的主观故意，其行为不构成欺诈。但起航航空公司未尽告知义务，客观上造成两原告延误一天的旅游行程而产生相关利益损失，综合考虑相关情况，起航航空公司应向两原告赔偿人民币3369元。

机票超售不属于欺诈行为，无法适用《消费者权益保护法》的三倍赔偿原则，应为合同纠纷，机票销售者应履行缔约过失责任或违约责任，支付乘客合理损失，实务中支持的损失内容为酒店损失、交通费损失，不支持休假补偿，书面赔礼道歉也无法律依据。参考的损失因素包括但不限于乘客延长候机、另行安排出行承受的舟车劳顿、经济支出以及航空公司因超售增加的客源收益等情况。

普法提示

随着移动互联网发展而带来的消费者行为方式变化，从机票预订，到外出旅行、出差，消费者都越来越依赖在线旅游平台。在线旅游平台的机票预订业务种类繁多，涉及大量与航空公司的对接，引发了一系列的纠纷，特别是针对产品信息披露不全面、退改签费用等方面的纠纷不断。机票预订网络交易行为的规范，对于保障行业发展与消费者利益有着重要意义。营造健康发展、规范有序的机票网络交易秩序，需要网络交易平台与消费者的共同努力。

（一）网络交易平台发挥互联网企业的优势，充分掌握产品信息

航班停止值机的时间事关机票预订服务的有效期限，而在消费者预订机票的过程中出现了网络交易网站在停止值机后接受订单并出票成功的情况。航班停止值机的时间为机场、航空公司对外公示信息，网络交易平台作为专业的互联网公司，对此类关键信息应当掌握。针对此问题，网络交易平台应当加大人力和技术成本投入，提高网站发布信息的精确性，建立与各大航空公司的直接沟通渠道，接入第三方数据进行航变信息补全，通过不同数据源获取更加准确的航空公司机票规则。

（二）消费者注意平台提示，积极沟通协商

消费者应当在搜索、进入产品信息页面和填写订单信息时，密切关注网

络交易平台的提示信息。如果网站上有“我已阅读并同意以上协议条款”的弹框，一定要点开仔细逐条看一看条款内容再勾选。消费者在下单前，要多浏览各网站价格，注意各网站的价格差异，清楚地了解服务范围。下单后，要留好预订时的截图、截屏。在遇到纠纷时，可以依照签订的合同及有关约定与平台进行沟通；向监管部门投诉，向消费者权益保护协会、电子商务消费纠纷解决平台求助；向法院提起诉讼。

第三章

居家生活

案例一

化妆品不符合安全标准的法律后果

孟丹阳[①]

随着消费水平升级，强劲的消费需求催生了被称为“美丽经济”的化妆品产业的快速发展。化妆品消费呈现出消费需求多元化、消费形式多样化、消费渠道多选择的趋势。从消费内容看，消费品类由单一消费不断拓展，化妆品市场品类逐渐丰富，既包括国产品牌，也包括国际品牌等。其中，消费需求主要集中于护肤品、护发品、口腔护理、彩妆、洗护用品等核心品类，相应产品占据市场规模也较大。从消费渠道看，随着移动互联网发展和消费者消费习惯的改变，传统线下渠道受到冲击，电商渠道迅速崛起，网络购物、直播带货等形式普及，很快渗透到年轻群体的日常消费中。从消费形式看，组合式营销发展迅猛，进一步挖掘和延伸消费者的消费需求。

值得注意的是，在各类化妆品消费激增的同时，可能出现部分化妆品没有质量安全保证，甚至会给皮肤带来伤害的情况。相对于食品、药品等问题，化妆品带来的问题相对“隐形”，因此需要提醒广大消费者，在化妆品的选购和使用方面一定要谨慎。

案情回顾

王美丽是个注重保养、护肤有道的美容达人。2019 年 5 月 6 日，王美丽在北京 F 化妆品公司经营的天猫旗舰店下单购买了 20 瓶“芳香嫩肤身体乳 320mL”。收到产品后，王美丽仔细浏览了产品说明，发现产品配方含有碘丙炔醇丁基氨甲酸酯，经查阅《化妆品安全技术规范》(2015 年版) 的规定得知，碘丙炔醇丁基氨甲酸酯是化妆品中禁用于体霜、体乳的成分。体霜、体乳类化妆品中使用碘丙炔醇丁基氨甲酸酯会给消费者造成急性、亚急性或者慢性

① 北京互联网法院审管办（研究室）法官助理。

中毒的伤害。碘及碘制剂对皮肤及黏膜具有强烈的刺激性和腐蚀性，且大范围使用于人体皮肤极易导致碘超标，造成甲状腺功能减退。王美丽随即与卖家进行沟通，后卖家北京F化妆品公司注销了该产品在“国产非特殊用途化妆品备案服务平台”上的产品备案信息。

王美丽认为，卖家销售的身体乳属于不符合安全标准的化妆品，故王美丽向法院起诉，请求法院判令解除原、被告之间的网络购物合同，被告退回原告支付的全部货款。

针对护肤品不符合安全标准的问题，被告答辩认为原告夸大碘丙炔醇丁基氨甲酸酯成分的危害性；且被告在国家指定的专业检验机构对涉案产品进行了检验，结果显示产品的各项检测指标均符合国家规定，该消费者购买此产品时，检验报告在有效期内，在国家化妆品备案网上进行了备案，备案从审核到复核均为通过状态。故而该消费者购买此产品时，产品在有效期内。

法院经审理认为，王美丽在F化妆品公司经营的天猫店铺下单购买涉案商品，卖家发送了涉案商品，双方之间成立买卖合同关系，且该合同关系是双方当事人真实的意思表示，不违反法律、行政法规的强制性规定，应认定为合法有效。根据《化妆品安全技术规范》(2015年版)规定，碘丙炔醇丁基氨甲酸脂不应添加至身体乳中，涉案商品的产品说明中明确载明产品配方中含有碘丙炔醇丁基氨甲酸酯，故涉案商品属于不符合相关标准的化妆品，存在危害消费者身体和财产的可能，合同目的不能实现。根据《合同法》第九十四条(现已失效，相关规定见《民法典》第五百六十三条)，原告要求解除合同退还货款的诉讼请求于法有据，法院予以支持。

下面主要从王美丽解除合同的法律根据以及产品备案信息与包装或标签信息不一致时的法律后果进行分析。

法理分析

(一)王美丽解除合同的主张得到法院支持的原因

为满足我国化妆品实际监管需要，结合行业发展和科学认识的提高，国家食品药品监督管理总局对《化妆品卫生规范》进行修订，编制了《化妆品安全技术规范》（2015 年版）。《化妆品安全技术规范》（2015 年版）中规定了化妆品的安全技术要求，包括通用要求、禁限用组分要求、准用组分要求以及检验评价方法等。其中第二章节明确规定了化妆品禁限用组分要求，包括 1388 项化妆品禁用组分及 47 项限用组分要求。第三章节规定了化妆品准用组分要求，包括 51 项准用防腐剂、27 项准用防晒剂、157 项准用着色剂和 75 项准用染发剂的要求。

《化妆品安全技术规范》（2015 年版）规定，碘丙炔醇丁基氨甲酸酯禁用于体霜和体乳。本案中，身体乳中添加的成分不符合安全标准，导致合同目的无法实现。根据《合同法》第九十四条（现已失效，相关规定见《民法典》第五百六十三条），有其他违约行为致使不能实现合同目的，当事人可以解除合同。据此，在这起网络购物合同纠纷中，王美丽因订立合同的目的不达而有权解除合同并且申请退款。

（二）产品标签与备案信息不符，消费者是否有权主张权利

该案中，王美丽发现配方中含有不符合安全标准的成分，与卖家进行沟通，随即卖家北京 F 化妆品公司注销了该产品在“国产非特殊用途化妆品备案服务平台”上的产品备案信息。那么，消费者购买的产品出现包装、标签信息与产品备案信息不一致的情况，消费者是否有权主张权利？让我们一起来看下面的案例。

【案例】2018 年 11 月 23 日，两岁婴儿杨晓晓的妈妈从网上商城购买了 H 公司的 10 支护手霜。杨妈妈经浏览产品标签，没有找到标签上有关于儿童是否可以使用的相关提示内容。于是杨妈妈上网查询了产品的备案信息，发现购买产品的标注内容与产品备案资料不符。该产品在“国家非特殊用途化妆品备案服务平台”上备案的样品包装中明确标示“三岁以下儿童勿用”，但实际批量生产的产品中却未按要求进行标注。杨妈妈遂仔细查看了产品标签上的配料，发现含有碘丙炔醇丁基氨甲酸酯。经查询，根据《化妆品安全技术规范》（2015 年版）规定，碘丙炔醇丁基氨甲酸酯标签上必须标印“三岁以下

儿童勿用”。添加该防腐剂的所有产品，有可能为三岁以下儿童使用的，标签上必须标印“三岁以下儿童勿用”。杨妈妈遂将H公司起诉至法院，要求退款。

法院经审理认为，在这起网络购物合同纠纷中，根据《消费者权益保护法》第十八条第一款的规定：“经营者应当保证其提供的商品或者服务符合保障人身、财产安全的要求。对可能危及人身、财产安全的商品和服务，应当向消费者作出真实的说明和明确的警示，并说明和标明正确使用商品或者接受服务的方法以及防止危害发生的方法。”《化妆品安全技术规范》（2015年版）第三章化妆品准用防腐剂（表4）第三十项规定，含碘丙炔丁基氨甲酸酯类化妆品三岁以下儿童勿用。同时该项规定的注释（4）规定，仅当产品有可能为三岁以下儿童使用，洗浴用品和香波除外，需作如此标注。本案涉案产品护手霜有可能为三岁以下儿童使用，但缺乏产品包装或标签信息，存在危害消费者身体和财产的可能，因此原告要求被告退还货款的诉讼请求于法有据，法院予以支持。

知识拓展

市面上化妆品种类繁多，有美容美发的，有体用肤用的，有眼部口唇的……同时，《化妆品安全技术规范》（2015年版）也规定了化妆品的安全技术要求，包括通用要求、禁限用组分要求、准用组分要求以及检验评价方法等。面对诸多种类的化妆品，消费者应提高辨别能力，合理选择，谨慎消费。

（一）销售未取得批准文号的特殊用途化妆品的法律后果

根据《化妆品安全技术规范》（2015年版），化妆品分为非特殊用途化妆品和特殊用途化妆品。其中特殊用途化妆品是指用于育发、染发、烫发、脱毛、美乳、健美、除臭、祛斑、防晒的化妆品。相比非特殊用途化妆品，生产特殊用途的化妆品，必须经国务院卫生行政部门批准，取得批准文号后方可生产。如果生产、销售未取得批准文号的特殊用途化妆品，其法律后果如何？

【案例】甄漂亮是一个资深护肤达人，经常在网上购买各种美容护肤产品。2014 年 12 月 2 日，甄漂亮在 S 公司经营的天猫旗舰店购买了价值 1960 元的“燕窝美白淡斑面膜”，功效为淡化色斑、延缓衰老等。正当甄漂亮向朋友推荐该产品时，朋友提醒她要留意产品标签，不要上当受骗。经提醒，甄漂亮仔细浏览了产品的标签，发现与往常购买的化妆品不同，这次购买的面膜标签上只标注了生产厂家、生产许可证、卫生许可证、卫妆准字、执行标准等内容，却少了批准文号。经与 S 公司协商未果，甄漂亮将 S 公司诉至法院，请求退还货款并赔偿损失。

法院经审理认为，经营者向消费者提供有关商品或者服务的质量、性能、用途、有效期限等信息，应当真实、全面，不得作虚假或者引人误解的宣传。销售者销售产品，不得掺杂、掺假，不得以假充真、以次充好，不得以不合格产品冒充合格产品。在本案中，《化妆品卫生监督条例》[①] 第十条第一款规定，生产特殊用途的化妆品，必须经国务院卫生行政部门批准，取得批准文号后方可生产。涉案产品系未取得批准文号的特殊用途化妆品，应当认定为不合格产品，化妆品经营单位 S 公司不得销售该类化妆品，S 公司以不合格产品冒充合格产品对外销售的行为具有欺诈性。依照《消费者权益保护法》第五十五条第一款的规定：“经营者提供商品或者服务有欺诈行为的，应当按照消费者的要求增加赔偿其受到的损失，增加赔偿的金额为消费者购买商品的价款或者接受服务的费用的三倍……”甄漂亮可以要求 S 公司退还货款 1960 元并赔偿 5880 元。[②]

（二）商家销售超过使用有效期的产品，消费者是否有权退款并主张十倍惩罚性赔偿

【案例】小刘是网购达人，经常在网上购买各种产品。2017 年 11 月 10

① 《化妆品监督管理条例》自 2021 年 1 月 1 日起施行，《化妆品卫生监督条例》同时废止，下同。

② （2015）张初字第 00638 号，来源于中国裁判文书网，根据编写需要对部分情节有所加工，案例中当事人均为化名。

日，双十一狂欢购物节，小刘熬夜抢购，终于清空了满满的购物车。产品陆陆续续送达，小刘很是欣喜地查看每件物品，却发现在K公司购买的洗面奶中文外标签上打印的保质期是3年，而生产日期是2014年1月5日。小刘认为K公司销售超过使用有效期的商品，故与客服协商退货。交涉未果，小刘将K公司诉至法院，请求解除合同，退还货款，并参照《食品安全法》进行十倍赔偿。

法院经审理认为，原告在被告处购买涉案洗面奶后，双方即形成了买卖合同，该买卖合同法律关系合法有效，双方均应按照合同约定及法律规定履行各自义务。

本案争议焦点有二：一是原告是否有权解除合同，请求被告退还货款；二是被告是否应参照《食品安全法》的规定对原告进行赔偿。

关于被告是否应参照《食品安全法》的规定对原告购买的过期洗面奶进行赔偿的问题，法院经审理认为，根据国家质量监督检验检疫总局（现已撤销）颁布的《化妆品标识管理规定》第三条第一款的规定："本规定所称化妆品是指以涂抹、喷、洒或者其他类似方法，施于人体（皮肤、发毛、指趾甲、口唇齿等），以达到清洁、保养、美化、修饰和改变外观，或者修正人体气味，保持良好状态为目的的产品。"由此，洗面奶应属于化妆品范畴。根据《化妆品卫生监督条例》第十三条的规定，化妆品经营单位和个人不得销售超过使用期限的化妆品。被告作为涉案洗面奶的销售者，应当按照要求按时检查待售商品、及时清理超过保质期的商品，但被告未履行上述法定义务，上架并销售超过保质期的洗面奶，导致原告订立合同的目的不达，故原告有权要求解除合同，请求退货并要求被告返还货款。

关于小刘提出的十倍赔偿的诉讼请求，法院经审理认为，十倍赔偿来源于《食品安全法》的规定，属于一种特殊规定。自2021年1月1日起施行的《最高人民法院关于审理食品药品纠纷案件适用法律若干问题的规定》（以下简称《规定》）第十五条和第十七条的修正也说明了这一点。

《规定》中的有关条文进行了修正，不过前后的理念是一致的。首先原

《规定》第十五条[①]是对《食品安全法》的解释，根据对该司法解释的理解，不宜扩张这种特殊规定。具体理由如下：第一，从时间上来看，《食品安全法》于2009年颁布实施，经过一次修订，时间是2015年4月24日，并于当年的10月1日起实施。2018年12月29日又作了一次修正。《规定》的施行时间是在2014年3月15日，也就是2015年修订之前的《食品安全法》实施期间，《规定》第十五条应该是对2015年修订之前的《食品安全法》的第九十六条的强调，是一个司法政策。第二，对新、旧《食品安全法》的调整和适用范围，法律都作了明确规定，后实施的新《食品安全法》也没有对惩罚性赔偿的适用范围进行扩大。第三，“十倍赔偿”的法律渊源来自《食品安全法》，显然司法解释不能扩大法律的适用范围。从该司法解释文义上看，对于同时适用于食品、药品的条文，明确了“食品、药品”两种都适用。但也有些条文只写了“食品”，单独只写“食品”的条文，比如《规定》第十五条的十倍赔偿，是只适用于食品，而不适用于药品的，如果适用于药品就应当写明。本案的涉案商品系化妆品，在适用惩罚性赔偿时应与食品、药品这种直接关系人体健康、安全的特殊、重要的产品有所区分。既然《规定》第十五条的十倍赔偿不适用于药品，在第十七条第一款[②]有关化妆品的问题上，更不宜参照适用第十五条。此处的参照适用可以理解为同时适用“食品、药品”的相关条款。

新《规定》进一步明确区分了食品、药品的赔偿标准。其中第十五条第一款规定：“生产不符合安全标准的食品或者销售明知是不符合安全标准的食品，消费者除要求赔偿损失外，依据食品安全法等法律规定向生产者、销

① 原《最高人民法院关于审理食品药品纠纷案件适用法律若干问题的规定》第十五条规定：“生产不符合安全标准的食品或者销售明知是不符合安全标准的食品，消费者除要求赔偿损失外，向生产者、销售者主张支付价款十倍赔偿金或者依照法律规定的其他赔偿标准要求赔偿的，人民法院应予支持。”

② 原《最高人民法院关于审理食品药品纠纷案件适用法律若干问题的规定》第十七条第一款规定：“消费者与化妆品、保健品等产品的生产者、销售者、广告经营者、广告发布者、推荐者、检验机构等主体之间的纠纷，参照适用本规定。”

售者主张赔偿金的，人民法院应予支持。”第二款规定：“生产假药、劣药或者明知是假药、劣药仍然销售、使用的，受害人或者其近亲属除请求赔偿损失外，依据药品管理法等法律规定向生产者、销售者主张赔偿金的，人民法院应予支持。”由此可见，药品都不适用《食品安全法》的十倍赔偿，化妆品等更不会适用。据此，本案中的化妆品不能适用《食品安全法》的十倍赔偿，因此法院就该部分诉讼请求不予支持。

（三）消费者买到缺乏中文标识的进口化妆品怎么办

【案例】小丽经常在网上选购国外美白化妆品。2016 年 12 月 1 日，小丽在网上购买了 5 盒韩国化妆品，共计 4152 元。产品送达后，小丽发现化妆品没有中文标识，也没有进口商的名称及地址等信息。小丽认为化妆品来源渠道不正规，与商家协商查看进口化妆品的质量标准证明以及出口国的批准生产文件等未果，遂诉至法院请求退款，并要求三倍赔偿。小丽向法院提供了购物发票、网上订单截图、产品实物、产品照片、与淘宝店家沟通截图等。

在本案中，法院经审理认为，《化妆品卫生监督条例》第十五条规定，首次进口的特殊用途化妆品，进口单位必须提供该化妆品的说明书、质量标准、检验方法等有关资料和样品以及出口国（地区）批准生产的证明文件，经国务院化妆品监督管理部门批准，方可签订进口合同。首次进口的其他化妆品，应当按照规定备案。第十六条第一款规定，进口的化妆品，必须经国家商检部门检验；检验合格的，方准进口。《化妆品卫生监督条例实施细则》（现已废止）第二十一条第一款规定，化妆品标签、说明书、小包装上应当注明的内容，必须有中文记载。被告未提供涉案化妆品经国务院化妆品监督管理部门批准及经国家商检部门检验合格的相关资料，涉案产品应被认定为不合格产品。

自 2021 年 1 月 1 日起施行的《化妆品监督管理条例》第十七条规定，特殊化妆品经国务院药品监督管理部门注册后方可生产、进口。注册申请人首次申请特殊化妆品注册的，应提交符合《化妆品监督管理条例》第十八条、第十九条规定条件的证明资料。

被告作为销售者，未尽到我国《产品质量法》第三十三条所规定的关于

“销售者应当建立并执行进货检查验收制度，验明产品合格证明和其他标识”的义务，构成对消费者的欺诈。根据《消费者权益保护法》第四十条第一款，消费者在购买、使用商品时，其合法权益受到损害的，可以向销售者要求赔偿。销售者赔偿后，属于生产者的责任或者属于向销售者提供商品的其他销售者的责任的，销售者有权向生产者或者其他销售者追偿。根据该法第五十五条第一款规定：“经营者提供商品或者服务有欺诈行为的，应当按照消费者的要求增加赔偿其受到的损失，增加赔偿的金额为消费者购买商品的价款或者接受服务的费用的三倍；增加赔偿的金额不足五百元的，为五百元。法律另有规定的，依照其规定。”据此，法院支持了小丽的诉讼请求。

在这里提醒广大热衷进口化妆品的消费者，在购买时一定要擦亮眼睛、注意辨识，对于不符合标签要求的进口化妆品，要及时与商家沟通，注意保存证据，通过正确方式维护个人合法权利。

普法提示

（一）强化主体责任，生产、销售符合安全标准的化妆品

生产者、销售者应严格按照《化妆品安全技术规范》《化妆品监督管理条例》等规定，生产、销售符合质量安全标准的化妆品。生产特殊用途的化妆品，必须经国务院化妆品监督管理部门批准，取得批准文号后方可生产。生产者在化妆品投放市场前，应按照相关卫生标准对产品进行卫生质量检验，未经检验或者不符合卫生标准的产品不得出厂。进口的化妆品，必须经国家商检部门检验，检验合格的，才能进口。生产、销售的化妆品规范标签标注。化妆品标签上除应当注明产品名称、厂名、生产企业卫生许可证编号等信息外，对于特殊用途的化妆品，还应当注明批准文号。对于不适用于孕妇、儿童等特定人群的产品，应清晰地注明，尽到提醒消费者注意的义务。对于儿童用化妆品，在原料、配方、生产过程、标签、使用方式和质量安全控制等方面除满足正常的化妆品安全性要求外，还应满足相关特定的要求，

以保证产品的安全性。

（二）强化外部监督，加强各环节的安全评审与检查

各级化妆品监督管理部门应加强对化妆品的卫生监督，保证化妆品的卫生质量和使用安全，保障消费者的合法权益，营造健康有序的交易环境。对化妆品生产企业的卫生监督实行卫生许可证制度。对生产企业以及从事化妆品生产的人员进行检查监督。对于进口化妆品、特殊用途化妆品及化妆品新原料要进行安全性评审。对未取得卫生许可证、生产未取得标准文号的特殊用途化妆品、进口或销售未经批准或检验的进口化妆品或生产销售不符合质量安全标准的化妆品的，落实相关惩罚措施。

（三）强化内部引导，提醒广大消费者增强辨别能力

消费者在网上购买化妆品，应在正规渠道购买，通过用户评价、订单量等信息综合评判。拿到产品后，应仔细阅读标签内容，查看产品包装、标签等信息是否符合规范。对于进口的、特殊用途的化妆品，要格外留意标签等信息。对于是否适用于儿童、孕妇等特殊人群的问题，产品应在标签中明确适用对象。当产品不符合质量安全标准或消费者自身权益受到侵害时，消费者要学会维护自身权益。消费者应第一时间保存证据，保留订单截图、商品实物、商品照片、视频资料等证明产品质量问题的证据。及时与商家协商沟通，或向有关行政部门投诉，或提起调解或诉讼，通过多种方式进行维权。

案例二

“驼毛被”不见“驼毛” 店铺构成经营者欺诈

张帆[①]

案情回顾

如今，网络购物大大便利了我们的生活，打开手机，滑动屏幕，选择心仪的商品已经成为我们的日常。琳琅满目的商品、花花绿绿的详情、褒贬不一的评价让人眼花缭乱，在商场里买衣服会仔细查看的标签，在网店里已经成为最不起眼的一个部分，但就是这个最不起眼的标签里的一项，就足以让不诚信的商家吃点儿“苦头”。

2018 年 4 月 5 日，春寒料峭之间，家住北京市朝阳区的小张打开京东商城，进入睡宝旗舰店，看着商品简介里被商家形容得保暖舒适、蓬松透气的正品驼毛被，一床厚实的驼毛被单价才不到 200 元，价格十分实惠，小张很是心动，立刻便支付了 3980 元，下单购买了 20 床加厚的驼毛被。

快捷的物流不到三天就把这批驼毛被从广州送到了身在北京的小张家门口，兴奋地拆开快递后，小张却发现这批驼毛被和商家详情页里的介绍存在出入，原本应该布料精美、填充饱满的驼毛被看起来却是质量不佳、膨胀过大，和小张此前买过的驼毛被在外表上就不太一样。

小张把睡宝旗舰店寄来的驼毛被送到了国家纺织品服装服饰产品质量检测中心，检测结果却让小张更加生气，不论是寄来的商品上的合格证标签、还是“藏”在店铺里商品详情最角落的填充成分介绍，都明确驼毛被的填充成分是“51% 驼毛，49% 聚酯纤维”。但国家纺织品服装服饰产品质量检测中心出具的《检测检验报告》显示，这批本该填充着最少一半驼毛的驼毛被事实上居然是由“78.4% 聚酯纤维和 21.6% 羊毛”组成的，一点儿驼毛的成

① 北京互联网法院综合审判三庭法官助理。

分都没有。小张一怒之下以店铺商家欺诈消费者为由，把睡宝旗舰店的经营商家睡宝公司起诉到了法院。

小张认为，睡宝公司出售的驼毛被填充物事实上是78.4%的聚酯纤维和21.6%的羊毛，与店铺商品详情和实际合格证上标示的“51%驼毛，49%聚酯纤维”的填充成分完全不符，显然违反《消费者权益保护法》第二十三条第二款，也就是：“经营者以广告、产品说明、实物样品或者其他方式表明商品或者服务的质量状况的，应当保证其提供的商品或者服务的实际质量与表明的质量状况相符。”

小张认为，睡宝公司出售假驼毛被的行为，侵犯了他作为消费者依据《消费者权益保护法》第八条享有的知情权，属于商业欺诈行为，店铺应当退还购货款3980元，赔偿小张为了检测驼毛被材质支付的检测费430元，同时还应按照《消费者权益保护法》的相关规定支付三倍赔偿金11940元。

睡宝公司有进行答辩、并对小张提交的证据进行质辩的权利，但是经过法院的合法传唤，睡宝公司无正当理由拒不出庭应诉，法院视为睡宝公司放弃了答辩和质证的权利，依法对案件缺席判决。

经审理后法院认为，小张在睡宝公司经营的睡宝旗舰店购买驼毛被的行为，事实上是和睡宝公司签订了一份网络购物买卖合同，两者之间形成了买卖合同民事法律关系。小张在睡宝公司经营的网店购买涉案商品驼毛被，睡宝公司应当保证商品符合法定或约定的质量标准，并向小张提供商品的真实信息。本案中，小张提交的《检测检验报告》所载明的商品名称、规格、生产单位等与小张购买涉案商品的订单及包装信息能够相互对应，而《检测检验报告》显示检测样品填充物成分的检验结果与商品标签标示的填充成分完全不符。在睡宝公司未作答辩并提供反证的情况下，法院采信小张提供的证据，认定睡宝公司出售的驼毛被标注信息严重不实，睡宝公司存在欺诈消费者的行为。根据《消费者权益保护法》第五十二条的规定，法院支持了小张请求睡宝公司退还货款3980元的诉讼请求。根据《消费者权益保护法》第五十五条第一款的规定，法院支持了小张请求睡宝公司按照涉案商品价款的三倍增加赔偿的诉讼请求，即睡宝公司应向小张支付三倍赔偿金11940元。

对于小张主张的430元检测费，法院认为该费用系消费者维权实际发生的必要合理支出，睡宝公司同样应予赔偿。

法理分析

我们看到小张成功运用法律武器，在打击不良商家的同时挽回了经济损失，还获得了三倍赔偿。那么是不是所有的消费者遇到“不良商家”时都可以获得三倍赔偿呢？让我们来看一看法律的规定。

根据《消费者权益保护法》第五十五条第一款的规定：“经营者提供商品或者服务有欺诈行为的，应当按照消费者的要求增加赔偿其受到的损失，增加赔偿的金额为消费者购买商品的价款或者接受服务的费用的三倍；增加赔偿的金额不足五百元的，为五百元。法律另有规定的，依照其规定。”从法律规定我们可以发现消费者获得其购买商品的价款或者接受服务的费用的三倍赔偿必须满足“经营者提供商品或者服务有欺诈行为”这一要件。

那么具体要如何判断是否构成“经营者欺诈”这一要件呢？欺诈是指一方当事人故意告知对方虚假情况，或者故意隐瞒真实情况，诱使对方当事人作出错误意思表示的行为。据此认定经营者是否构成欺诈应当具备三个条件：经营者主观上必须具有欺诈的故意；客观上欺诈者实行了虚构事实、隐瞒真相的欺诈行为；结果上欺诈行为造成了消费者陷于错误判断，并作出错误意思表示的事实，即与经营者进行了民事交易行为。就本案来说，睡宝公司宣传的填充物是“51% 驼毛，49% 聚酯纤维”的驼毛被，事实上填充物是“78.4% 聚酯纤维，21.6% 羊毛”，是否构成经营者欺诈要从以下三个角度来讨论。

第一，要判断经营者是否存在欺诈的主观故意。根据《产品质量法》第三十三条的规定：“销售者应当建立并执行进货检查验收制度，验明产品合格证明和其他标识。”据此，销售者在进行商品销售前有义务验明产品合格证明和其他标识，例如有完善的查货手续，否则应承担相应后果。本案中睡宝公司无正当理由拒不到庭，丧失了法律赋予当事人到庭陈述、举证、质证、辩论的权利，应承担相应不利后果，法院认定其存在主观故意。

第二，要判断经营者客观上是否存在虚构事实、隐瞒真相的欺诈行为。根据《消费者权益保护法》第八条和第二十条的相关规定，商家在出售商品时应当确保商品的标识、标注必须真实，符合法律的规定。本案中，法院在查明鉴定机构具有相关资质、适用检测标准无误、被告未提出异议的前提下，对《检测检验报告》结果予以采信。而睡宝公司在商品详情页及商品合格证上对商品填充物的描述与鉴定机构实际检测的填充物成分不符，据此法院认定睡宝公司客观上存在欺诈行为。

第三，要判断消费者是否因受欺诈而陷入错误判断，并因陷入错误而作出意思表示与经营者进行民事交易。本案中，小张作为消费者，在看到店铺商品详情的虚假信息后，误认为店铺售卖的驼毛被填充物为“51% 驼毛，49% 聚酯纤维”，小张基于这一错误作出了购买的意思表示，符合结果上欺诈行为造成了消费者陷于错误判断，并作出错误意思表示的事实，即与经营者进行了民事交易行为的构成要件。

综上，睡宝公司的行为构成经营者欺诈，那么睡宝公司应如何承担责任呢？根据《消费者权益保护法》第五十二条的规定，经营者提供商品或者服务，造成消费者财产损害的，应当依照法律规定或者当事人约定承担修理、重作、更换、退货、补足商品数量、退还货款和服务费用或者赔偿损失等民事责任。小张请求睡宝公司退还货款的诉讼请求，于法有据，法院予以支持。根据《消费者权益保护法》第五十五条第一款的规定，睡宝公司提供商品有欺诈行为，小张请求睡宝公司按照涉案商品价款的三倍增加赔偿，于法有据，法院予以支持。小张主张的检测费，系消费者维权实际发生的必要合理支出，睡宝公司应予赔偿，法院对该项诉讼请求亦予以支持。

知识拓展

除像本案一样关于被子填充物的纠纷外，网购商品中产品质量纠纷较常涉及的商品领域主要集中在服装一类。衣食住行中，“衣”排在第一位，穿衣不仅“蔽寒暑”、防蚊虫风雨、遮体避羞，还有装饰身体、美化生活、显示身份地位、民族信仰等作用。“衣”对于人们的生活无比重要，服装类纠纷的数量在网购纠纷之中的比例也往往居高不下，为减少纠纷产生，营造和谐营商环境，介绍以下几个小知识给各位网上店铺经营者和网上冲浪消费者。

（一）商品详情页标注产品信息可参考国家标准

我国国家标准代号分为 GB 和 GB/T。GB 代号国家标准含有强制性条文及推荐性条文，GB/T 代号国家标准为全文推荐性。强制性国标是保障人体健康、人身、财产安全的标准和法律及行政法规规定强制执行的国家标准；推荐性国标是指生产、检验、使用等方面，通过经济手段或市场调节而自愿采用的国家标准。但推荐性国标一经接受并采用，或各方商定同意纳入经济合同中，就成为各方必须共同遵守的技术依据，具有法律上的约束性。对于电子商务中需要详细描述的产品信息，有推荐性国家标准，目前现行的国家标准对包括服装、图书、数码产品、家用电器、家具、玩具在内的 16 类产品进行了详细的规定。就服装类而言，国家标准 GB/T 32670–2016（电子商务交易产品信息描述服装），详细地规定了电子商务交易中服装类产品信息的描述属性、方法、模型、摘要描述以及扩展方法，包括填充物信息标注，网上店铺经营者可对照该国家标准在商品详情页标注各类商品信息元素。

（二）自行委托鉴定和法院委托鉴定

在民事诉讼中，遇到专门性问题，法院通常要借助鉴定机构以其专业知识予以帮助，这就需要委托鉴定，包括法医、物证、声像资料鉴定和土地、房地产评估等。委托鉴定分为两种：一是当事人自行委托鉴定机构鉴定，只能把鉴定结论作为支持其请求的证据；二是法院委托鉴定，又叫司法鉴定，是在诉讼中为查明案件事实，法院依据职权，或应当事人及其他诉讼参与人的申请，指派或者委托具有专门知识的人，对专门性问题进行检验、鉴别和评定的活动。就本案而言，小张提供的《检测检验报告》，就是当事人自行委托鉴定，作为支持小张诉讼请求，证明填充物与合格证标示不符的证据。

相较而言，当事人自行委托鉴定一般在诉前进行，鉴定机构也是由一方选定，鉴定所需材料也是单方提供，其证明力一般要低于司法鉴定，鉴定结论往往仅作为支持其请求的证据，对该证据的采信与否往往需要法院进一步核实鉴定机构是否具备相应资质、鉴定程序是否符合规定、另一方当事人是否对该鉴定结果无异议以及是否有相应证据等。而法院委托鉴定只能在诉中，鉴定机构由诉讼双方达成合意后在鉴定人名册中选取，若双方当事人达不成合意，则由法院随机选择，且委托鉴定材料的提供收集较为规范，要经法院组织当事人质证认证程序再交鉴定机构，其证明力、公信力要更高一些。

（三）当事人无故不应诉应承担相应不利后果

《民事诉讼法》第一百四十四条规定，被告经传票传唤，无正当理由拒不到庭的，或者未经法庭许可中途退庭的，可以缺席判决。本案中，睡宝公司经合法传唤拒不到庭参加诉讼，并不影响案件的审理，法院会根据现有证据和法律规定缺席判决，睡宝公司漠视自己的诉讼权利，最终产生的法律后果将自行负担。那么原告经法院传唤无正当理由拒不到庭的，或者未经法庭许可中途退庭的，又该怎么处理呢？《民事诉讼法》第一百四十三条规定，原告经传票传唤，无正当理由拒不到庭的，或者未经法庭许可中途退庭的，可以按撤诉处理；被告反诉的，可以缺席判决。

在互联网法院，“经法院传唤无正当理由拒不到庭”的判断标准和线下审理有所不同。如在北京互联网法院审理的案件，可依据《北京互联网法院电子诉讼庭审规范》规定进行判断。《北京互联网法院电子诉讼庭审规范》第六条规定：“经有效送达，被告无正当理由拒不在本院诉讼平台关联案件参加诉讼的，法院可以缺席审判。”《北京互联网法院电子诉讼庭审规范》第十四条规定：“当事人无正当理由不按时参加在线庭审的，视为‘拒不到庭’，庭审中故意脱离庭审视频画面，视为‘中途退庭’，分别按照相关法律和司法解释的规定处理。”据此，在线庭审中，被告拒不到庭是指“无正当理由拒不在诉讼平台关联案件参加诉讼”，其后果为缺席审判；原告拒不到庭则是指“无正当理由不按时参加在线庭审”，应按照《民事诉讼法》的相关规定，按撤诉处理。

普法提示

（一）当事人要珍惜诉讼权利

法律规定，在民事诉讼中，原、被告的地位是平等的，诉讼权利也是平等的，原、被告都享有对等的诉讼权利，承担对等的诉讼义务。当事人只有充分、正确行使诉讼权利，才有可能胜诉或尽可能减少因败诉带给自己的损失。法谚云，法律不保护躺在权利上睡觉的人，民事案件的当事人一定要珍惜自己的诉讼权利。

根据《民事诉讼法》的规定，法院送达起诉状副本、应诉通知书时，法律赋予被告答辩的权利，被告如果不签收、不答辩，并不影响法院审理，被告将丧失为自己辩解的权利。法院送达给当事人开庭传票时，法律赋予当事人到庭陈述、举证、质证、辩论、请求调解等权利，当事人无正当理由不到庭，不影响案件的审理，原告不到庭按撤诉处理，被告不到庭可缺席判决，当事人丧失的是自己在法庭上陈述、举证、质证、辩论和请求调解的权利。法院送达给当事人判决书、裁定书时，法律赋予当事人以上诉权、申诉权，如果败诉或对裁判结果不满意的一方当事人拒绝签收，法院可采取留置送达的方式将裁判文书送达，超过法定期限，裁判文书生效，当事人就丧失了上诉的权利。

（二）经营者应积极履行法定验货义务

商户把好质量关，不仅对消费者权益更有保障，也是对经营者自身权益的源头保护。经营者从上游商家或生产商手里进货的时候，在买卖合同关系中属于买方，从这个角度来讲，经营者应当尽到合理注意义务，根据自身所处的具体环境、自身技能以及其他合理因素进行验货。同时，依据《产品质量法》第三十三条的规定："销售者应当建立并执行进货检查验收制度，验明产品合格证明和其他标识。"经营者如未尽到该条规定的法定验货审核义务，可能会被认定存在欺诈的主观故意，进而构成经营者欺诈并承担三倍赔偿责任。

与本案类似，在（2018）京民再86号拉法耶特百货（北京）有限公司与宋涛买卖合同纠纷案中，被告拉法耶特百货（北京）有限公司因没有尽到法定的验货审核义务，被再审法院认定为存在欺诈故意。[①]

（三）消费者在消费时要提高注意义务

实践中还存在关于服装材质产生纠纷的案例，但法院并没有支持消费者的三倍赔偿请求，原因在于消费者在消费时没有尽到一般注意义务。

一是对价格较高的服装产品，根据日常生活经验，购买这类高价服装，消费者往往会更加注意服装外观是否有瑕疵，此时仅因外观瑕疵提起诉讼，法院可能不支持其三倍赔偿诉讼请求。

二是材质标示瑕疵不明显，服装材质5%的成分是氨纶还是锦纶，根据日常生活经验，不会影响消费者是否决定购买服装，仅以材质与合格证不符为由起诉，法院可能不支持其三倍赔偿诉讼请求。

（四）消费者网上购物小提示

消费者应尽量注意选择工商登记信息在网上公布完整、已经建立较好信誉的卖家，最好选择货到付款方式，并在到货后及时检查商品与经营者的宣传、说明是否相符，注意保留购物小票、支付凭据、商品包装等。

发现可能存在质量问题时，及时固定和保留证据，可委托有资质的鉴定机构对商品质量自行委托鉴定，或保留商品，在诉讼中申请司法鉴定。注意

---

① 参见拉法耶特百货（北京）有限公司与宋涛买卖合同纠纷再审民事判决书，https://wenshu.court.gov.cn/website/wenshu/181107ANFZ0BXSK4/index.html?docId=82b6de933b8544de8a7ea9ae0011ed41，最后访问日期：2021年2月1日。

保留与经营者的聊天信息，购买商品或服务当时的网页截图等，在出现纠纷后可要求购物平台提供平台内经营者的登记信息、联系方式等。交易中出现纠纷后，除与商家协商、申请平台介入、向法院起诉外，还可向行政主管部门举报投诉，通过行政主管部门的调查处理，认定经营者提供的商品是否存在瑕疵或确有违法情形，行政主管部门的调处结果可作为证据。

案例三

品牌欺诈

——网络经营者和电商平台的责任承担

吕可[①]

在互联网时代，网购成为主要消费渠道之一，因此，网购方面的消费纠纷也随之上升。网购发生的消费纠纷主要表现为以下几大类：1. 网购商品质量以次充好，存在质量瑕疵，不符合约定；2. 网络经营者存在虚假宣传行为，以虚假商品信息欺骗消费者；3. 网络商家售后服务差，消费者维权艰难；4. 电商平台消极履行平台义务，导致消费者投诉无门。其中，又以网络经营者存在虚假宣传行为，以虚假商品信息欺骗消费者的情况居多。下面，让我们来看一个网购中常见的案例。

案情回顾

原告邹雷，家住北京市朝阳区，经常通过网络进行购物。被告广州时代公司，是一家住所地在广州市白云区的公司，其在津西商城开设有专门的商铺，主要经营服装鞋帽买卖的业务。被告津西公司，是一家住所地在北京市的大型电子商务平台经营者。

原告邹雷主张其于 2019 年 7 月 19 日在被告津西公司的广告诱导下，花费 91.48 元购置渔夫帽两顶，宣传与图片均为 MDNS 品牌，原告邹雷于 2019 年 7 月 22 日收到货物后发现商品无包装、无吊牌，而后，原告邹雷将情况告知津西公司，要求津西平台先行赔付，津西公司拒绝，并告知原告邹雷，购买的涉案产品不是假货，并一直拖延不予处理此事，也不阻止平台上第三方商家继续销售产品。原告邹雷认为《电子商务法》第十七条规定，电子商务经营者应当全面、真实、准确、及时地披露商品或者服务信息，保障消费

---

① 北京互联网法院综合审判二庭书记员。

者的知情权和选择权。电子商务经营者不得以虚构交易、编造用户评价等方式进行虚假或者引人误解的商业宣传，欺骗、误导消费者。《电子商务法》第二十七条第一款规定，电子商务平台经营者应当要求申请进入平台销售商品或者提供服务的经营者提交其身份、地址、联系方式、行政许可等真实信息，进行核验、登记，建立登记档案，并定期核验更新。《电子商务法》第三十八条规定，电子商务平台经营者知道或者应当知道平台内经营者销售的商品或者提供的服务不符合保障人身、财产安全的要求，或者有其他侵害消费者合法权益行为，未采取必要措施的，依法与该平台内经营者承担连带责任。对关系消费者生命健康的商品或者服务，电子商务平台经营者对平台内经营者的资质资格未尽到审核义务，或者对消费者未尽到安全保障义务，造成消费者损害的，依法承担相应的责任。另外，原告邹雷认为《消费者权益保护法》第五十五条第一款规定："经营者提供商品或者服务有欺诈行为的，应当按照消费者的要求增加赔偿其受到的损失，增加赔偿的金额为消费者购买商品的价款或者接受服务的费用的三倍；增加赔偿的金额不足五百元的，为五百元。法律另有规定的，依照其规定。"基于上述理由，原告邹雷向法院提出诉讼请求：请求判令广州时代公司、津西公司退还货款 91.48 元，并连带赔偿邹雷 500 元。

被告广州时代公司辩称：一、广州时代公司出具的商品都是有包装袋、有吊牌的，上面清晰标有广州时代公司 LOGO；二、广州时代公司的津西店铺是有 NYNY 授权的，并没有冒用任何商标，有 NYNY 授权人提供的商标转让通知；三、广州时代公司在津西店铺宣传页面全方位展示了商品信息，并没有欺诈的行为。

被告津西公司辩称：一、涉案商品由广州时代公司销售，原告邹雷要求网络交易平台承担连带责任无事实和法律依据。津西公司作为网络交易平台，只为买卖双方搭建了一个虚拟的交易空间，利用计算机网络技术为双方交易的达成提供一些技术支持，津西公司本身并不参与实际买卖双方中任何一方的交易，仅为入驻平台的各销售商提供互联网展示平台。商品销售商通过津西平台自行上传其商品信息，展示、介绍及销售其商品。二、津西公司已履行了平台经营者对入驻商家经营主体身份的审核义务。其作为网络交易平台提供者，既不控制货物的来源，也不参与交易价格的协商和货物的交付，也不以自己的名义出具发票，津西平台并未参与制作、编辑或者给予推荐，而是按照一般操作规则对商品经营者提供的信息进行技术性的数据处理。商家作为商品经营者发布的商品信息，网络交易平台对此并无预见能力。若要求其承担对此类信息的事前审查义务，则网络交易平台需对商品信息逐一筛查，与网络交易平台以快速提供交易信息和交易渠道为优势的特点相悖，也将极大地增加运营成本。三、在网页中对其商品的说明与描述系网络卖家的独立商业行为，津西公司并未参与相关信息的制作及发布过程，对此并不知情也无过错。津西公司不存在知道或应当知道网络卖家利用网络交易平台侵害消费者合法权益的情形，且并无法律规定或协议约定网络交易平台负有主动的交易审查义务，根据《网络交易管理办法》第二十三条的规定，网络交易平台在网络卖家入驻平台时，已审核网络卖家的营业执照，确认该网络卖家为根据中华人民共和国法律依法登记注册的企业法人，持有合法有效的经营证照，尽到了平台经营者的审核义务，不应承担连带责任。因此，原告邹雷的诉讼请求无事实和法律依据，请求法院维护津西公司的合法权益，驳回原告邹雷的诉讼请求。

法院经审理认定事实如下：2019 年 7 月 19 日，原告邹雷在广州时代公司开设于津西公司网络交易平台的津西店铺购买渔夫帽两顶，支付货款 91.48 元。原告邹雷于 2019 年 7 月 21 日签收涉案商品。原告邹雷主张涉案商品无包装、无吊牌，除商品带有“MDNS”的绣标外，无法证明其为 MDNS 品牌，系三无产品。另外，津西商城页面标示有“十款吸汗不闷热的男女通用渔夫帽”，点击后跳转到涉案商品页面。津西公司推荐涉案商品，应当与广州时代公司承担连带赔偿责任。原告邹雷提交网页截图、订单信息、开箱视频、实物照片等对其主张予以证明。广州时代公司对原告邹雷提交的证据无异议。

广州时代公司主张，涉案商品为 NYNY 品牌，在涉案商品的宣传图片上都标示了“NYNY”字样。广州时代公司提交“NYNY”商标注册证、商标转让证明、授权书等，以证明其没有欺诈行为。原告邹雷对上述证据的关联性不认可，主张其是受到涉案商品及其宣传语中标示的 MDNS 品牌误导才购买的。根据原告邹雷提交的证据，原告邹雷所购买的两顶渔夫帽在店铺页面标示的商品名称分别为“渔夫帽男麻叶潮牌余文乐同款 MDNS 春季双面盆帽女出游防晒遮阳帽户外休闲百搭日系嘻哈潮帽子 MDNS 渔夫帽 / 黑色均码”“渔夫帽男麻叶潮牌余文乐同款 MDNS 春季双面盆帽女出游防晒遮阳帽户外休闲百搭日系嘻哈潮帽子　麻叶渔夫帽　均码”，在两顶帽子上均有“MDNS”的绣标，其中一顶帽子上绣有十分醒目的“MAD MDNS NESS”的标识。关于原告邹雷主张津西公司推荐涉案产品的问题，从原告邹雷提交的证据来看，其标示的完整信息为“入选‘十款吸汗不闷热的男女通用渔夫帽’”，且该内容标示在商品页面上。

法院认为，原告邹雷在广州时代公司处购买涉案产品，双方之间建立了网络购物合同关系，系双方当事人的真实意思表示，且形式和内容不违背法律、行政法规的强制性规定，应为有效。涉案产品在店铺宣传的商品名称及产品上，都使用了“MDNS”字样，且该产品未依法标注厂名、厂址等信息，足以使消费者认为其即 MDNS 品牌，该行为严重误导了消费者，构成对消费者的欺诈，法院对广州时代公司的抗辩意见不予采纳。广州时代公司应退还原告邹雷购物款 91.48 元，并依法赔偿原告邹雷 500 元。根据原告邹雷提交的证据，“入选‘十款吸汗不闷热的男女通用渔夫帽’”出现在商品页面，无法证明该信息系由津西公司制作，也无法证明津西公司对涉案产品进行了推荐。因此，原告邹雷对津西公司的全部诉讼请求，法院均不予支持。

法理分析

本案涉及的法律问题主要是：（一）如何认定网络经营者的行为构成欺诈；（二）电商平台的民事责任承担。

（一）如何认定网络经营者的行为构成欺诈

本案涉及网络经营者在提供商品或者服务中欺诈行为的认定问题。

2014年3月，随着新修订的《消费者权益保护法》的颁布与实施，消费者的权益得到了更为完整的保护。《消费者权益保护法》第五十五条第一款规定："经营者提供商品或者服务有欺诈行为的，应当按照消费者的要求增加赔偿其受到的损失，增加赔偿的金额为消费者购买商品的价款或者接受服务的费用的三倍；增加赔偿的金额不足五百元的，为五百元。法律另有规定的，依照其规定。"

既然赔偿的前提是"经营者提供商品或者服务有欺诈行为"，那么本案中，被告广州时代公司欺诈行为该如何认定？从学理方面分析，欺诈的构成要件有四个：1. 一方故意告知虚假事实或者隐瞒真实事实。2. 对方因一方的欺诈陷入错误认识。3. 对方因错误认识作出不真实的意思表示。4. 欺诈具有不正当性。

本案中，被告广州时代公司主张涉案产品为NYNY品牌，在涉案产品的宣传图片上都标示了"NYNY"字样，并提交了"NYNY"商标注册证、商标转让证明、授权书等，以证明其没有欺诈行为。但是，被告广州时代公司所售涉案产品在店铺宣传的产品名称及产品上，都使用了"MDNS"字样，且该产品未依法标注厂名、厂址等信息，足以使消费者认为其即MDNS品牌，属于故意告知虚假事实，并因此以为涉案产品为MDNS品牌，陷入错误的品牌认识，并因错误认识作出不真实的意思表示，购买了帽子，广州时代公司的行为具有不正当性，严重误导了消费者即原告邹雷，构成对原告邹雷的欺诈。因此，法院对被告广州时代公司的抗辩意见不予采纳。广州时代公司应退还原告邹雷购物款91.48元，并依法赔偿原告邹雷500元。

（二）电商平台的民事责任承担

《电子商务法》于2019年1月1日起生效。《电子商务法》规定，电商平台如果未能对消费者履行人身安全保障义务，或者未能在电子商务争议处理中妥善履行提供原始合同或资料的义务，将产生相应的民事赔偿责任。在电商平台存在过错的特定情况下，还应当与平台内经营者或者知识产权侵权人承担连带责任。承担连带责任的三种情形如下：

情形一：电商平台明知或应当知道平台内经营者提供的商品或服务不符合安全保障要求或者平台内经营者有其他侵害消费者权益的行为，但未采取必要措施的，与该平台内经营者承担连带责任。

情形二：电商平台知道或者应当知道平台内经营者侵犯知识产权，应当采取删除、屏蔽、断开链接、终止交易和服务等必要措施而未采取的，与侵权人承担连带责任。

情形三：电商平台接到知识产权权利人发出的侵权通知后，未及时采取删除、屏蔽、断开链接、终止交易和服务等必要措施的，对损害的扩大部分与平台内经营者承担连带责任。

从上述规定可知，电商平台承担连带责任，应满足两个条件：一是电商平台知道或应当知道相关情况，即主观上具有一定过错；二是未采取必要措施，即客观上对相关情况采取放任态度。

本案中，第一，涉案商品由广州时代公司销售，津西公司本身并不参与实际买卖双方中任何一方的交易，仅为入驻平台的各销售商提供互联网展示平台。第二，津西公司已履行了平台经营者对入驻商家经营主体身份的审核义务。平台并未参与制作、编辑或者给予推荐，而是按照一般操作规则对商品经营者提供的信息进行技术性的数据处理。第三，津西公司不存在知道或应当知道卖家利用网络交易平台侵害消费者合法权益的情形，在网页中对其商品的说明与描述系卖家的独立商业行为，津西公司并未参与相关信息的制作及发布过程，对此并不知情也无过错。根据原告邹雷提交的证据，“入选‘十款吸汗不闷热的男女通用渔夫帽’”出现在商品页面，原告邹雷无法证明该信息系由津西公司制作，也无法证明津西公司对涉案商品进行了推荐，属于举证不能。因此，原告邹雷对津西公司的全部诉讼请求，法院均不予支持。

知识拓展

通常情况下，经营者侵犯他人品牌、商标、认证、包装等经营行为，如果经营者不能证明自己非欺骗、非误导，则属于欺诈消费者的行为。此外，售假产品、分量不足、价格虚假、虚假宣传等行为都属于欺诈行为。下面我们来看一个价格欺诈的案例。

（一）实际售价高于吊牌售价是否构成欺诈

2018年8月3日，孙轩从佳祺祥公司在津西商城的“佳祺祥运动户外专营店”购买了两件诺诗兰牌皮肤衣，商品单价1396元，其时，津西商城正在开展“8月津西体育季”优惠活动，活动内容为领券满减，满299元减60元，满499元减100元，满999元减150元，满2999元减300元等。同时，佳祺祥公司进行“多买优惠”促销活动，即满1件，总价打8.9折。孙轩提交订单享受上述两项优惠，即在总价2792元基础上打8.9折，再减150元，最终支付金额为2334.88元。2018年8月6日，孙轩收到所购商品，两件衣服的吊牌上均标示“零售价：698.00”。该吊牌抬头名称为“合格证”，其上标示了品牌、货号、颜色、产地、执行标准、经销商等信息，零售价标示于最下方。孙轩主张，佳祺祥公司的行为是价格欺诈行为，应承担“退一赔三”的责任。佳祺祥公司主张该信息已向孙轩进行了明示，不应承担赔偿责任。最终，法院判决佳祺祥公司构成价格欺诈。

在日常消费领域，商品的价格信息有时会出现相异的情形，如商品的建议售价和实际售价。通常情况下，生产者可以在商品吊牌上印制建议售价，该价格对于经营者不具有强制性，但其会对消费者的消费心理产生影响，实际售价一般低于建议售价甚至成为营销手段，这也符合公众的日常认知。反之，当商品的实际售价高于建议售价时，会对消费心理产生反向作用，建议售价就会成为消费者作出选择的重要参考信息。此种情况下，经营者应当对上述信息进行充分且显著的披露，否则将会构成价格欺诈，需承担惩罚性赔偿责任。

（二）电商平台的行政责任

《电子商务法》的一大亮点，是在明确电商平台法定义务的同时，还明确规定了电商平台违反义务所应承担的法律后果，包括可能面临的没收违法所得、罚款、责令限期改正、停业整顿等行政处罚责任。

例如，根据《电子商务法》第八十条的规定：“电商平台未履行对平台内经营者的核验、登记义务，未能向市场监督管理部门、税务部门报送有关信息，以及履行商品和服务信息、交易信息保存义务等，将由有关主管部门责令限期改正；逾期不改正的，处二万元以上十万元以下的罚款；情节严重的，责令停业整顿，并处十万元以上五十万元以下的罚款。”

而且，《电子商务法》注重与其他相关法律法规的衔接与协调。对于电商平台虚假宣传、违反网络安全保障义务、缺失个人信息保护、对竞价排名的商品或者服务未显著标明“广告”等违法行为，将依照《网络安全法》《反不正当竞争法》《广告法》以及其他有关规定进行处罚。

普法提示

（一）提高维权意识，改变消费习惯

大多数消费者在网购时缺少维权意识，主要有以下几种不良的网购习惯影响消费者维权：

第一，很多投诉的消费者表示只注意到商品外观等情况而忽略了商品销售的相关细则，未认真阅读交易协议就轻率成交。

第二，网络经营者利用拍摄角度和图片处理技术制造消费者的视觉感官效应，而消费者没有切实观看商品的尺寸说明或者询问卖家商品细节，仅凭图片的初步感官印象就匆匆下单，在收到商品后才发现商品的实际情况与自己想象的存在差距。

第三，消费者收到货后未及时使用导致超过约定的退换货期限。有些消费者收到商品后没有立即使用，等拿出来使用时才发现商品存在问题，但却已经超过了约定的退换货期限，又无法证明原始商品质量，从而给自己的消费维权带来很多困难。

（二）货比三家不吃亏，小心驶得万年船

首先，在消费购物时应尽量选择诚信度较高的购物网站，避免与商家私下交易，要从多方面综合考察商家的信用度。

其次，在查看商家的宣传时，一定要谨慎对待，购买商品前，向商家问清商品的具体信息，包括商品的品牌、质量、邮寄形式、费用、发生纠纷时解决的具体方法等，得到明确答复后再考虑是否购买。

再次，在付款时，尽量选择货到付款或通过第三方支付平台进行交易，确保交易安全。在收到货物时要仔细检查外包装是否损坏并当面拆开检查商品的完好度，需保存好自己的购物凭据。

最后，当发生消费纠纷时，建议消费者首先利用网络交易平台的投诉机制协商处理，商家在交易平台都有担保金，如果消费者投诉有效，第一时间就能得到处理，如果处理不当，可向法院起诉。

第四章

电子产品

案例一

CCC 认证[①]

——缺乏 CCC 认证的电子产品能否进行销售

郭晟[②]

信息时代，电子产品极大地丰富、便捷了我们的生活，已经成为我们生活中不可或缺的重要组成部分。与此同时，电子产品安全隐患时有存在，直接影响消费者的使用体验与身心健康。因此，我国出台了一系列的产品认证规范加强对产品安全性能的要求。本文从一则 CCC 认证的案例引入，辨法析理，以期丰富广大消费者在产品 CCC 认证制度方面的有关法律知识。

案情回顾

张天是一名在校大学生，喜欢摆弄各种电子设备，最近因为学习需要，他打算入手一款电子手表，经过在各大网购平台搜索对比，最终，张天看中了一款“圆形黑色来电通话显示 + 可插卡蓝牙电话——数字式智能多功能防水手表”。张天与卖家进行沟通了解产品详情后，当天便下单购买了这款手表。三天后，张天收到了卖家寄来的快递。张天仔细阅读了产品说明书，并按照要求开启设备使用。不久后，同一寝室的同学发现张天所佩戴的手表没有 CCC 认证，不符合产品安全要求。

张天随即通过聊天软件与卖家取得联系，索要 CCC 认证证明，卖家并未正面答复，沟通无果后，张天认为卖家存在欺诈，遂向法院提起诉讼，要求卖家退货退款，并且三倍赔偿购物款。

卖家认为，1. 其销售的产品均有厂名、厂址、规格、型号等书面说明，张天在未经公证、无任何证据支持的情况下称涉案商品为三无不合格产品，属于无理无据，不应支持；2. 卖家不存在欺诈行为，整个交易过程及商品的

① CCC 认证的全称为“中国强制性产品认证”。

② 北京互联网法院综合审判一庭法官。

详情展示中，卖家从未宣传所售产品有 CCC 认证或入网许可证，没有欺诈的主观故意或客观行为，即使涉案产品不符合国家有关规定，张天可通过退货等方式解决。综上所述，请求法院驳回张天的全部诉讼请求。那么，卖家的抗辩理由是否有事实和法律依据呢？

法院经依法审理，认为张天在卖家经营的网店里购买电子手表，双方之间形成网络购物合同关系，这个合同是双方当事人真实的意思表示，没有违反法律法规的规定，是合法有效的，双方应该按照约定履行自己的义务。本案争议的焦点就在于，卖家寄送的缺乏 CCC 认证的电子手表是否符合安全要求，能否进行销售。

对此，庭审中张天提交了涉案智能手表实物和外观照片，证明涉案智能手表外包装上没有显示国家 CCC 强制性认证标志、入网许可证编号等信息，同时，张天提交了网页截图，证明其通过中国国家认证认可监督管理委员会网站 CCC 证书认证信息查询系统查询，未查询到符合条件的获证组织信息。卖家亦无法提供涉案电子手表的 CCC 认证信息。故法院判决卖家构成欺诈，构成根本违约，卖家应将购买电子手表的费用退还张天，张天亦应将电子手表退还卖家，同时卖家依法赔偿张天购物款三倍的赔偿金。卖家的抗辩理由则由于缺乏事实与法律依据而未获得法院支持。

案件判决后，卖家提起上诉，后经二审法院依法审理驳回被告上诉请求，维持原判。

法理分析

本案主要存在以下几个问题：第一，卖家构成根本违约的原因；第二，销售无 CCC 认证电子手表为何构成欺诈；第三，张天为什么可以主张三倍赔偿。本案是一起典型的网络购物合同纠纷案件，双方权利义务明晰，具体分析如下：

（一）卖家构成根本违约的原因

简言之，合同是平等主体之间达成的一种合意。本案中，根据双方达成的电子手表购买合同，张天在卖家网店里下单的目的是购买符合安全要求的电子手表，张天付款后卖家应当依约提供，否则会构成违约。而卖家构成根本违约的原因恰在于其提供的电子手表应当获得却未获得CCC强制性安全认证，明显为不合格产品，存在重大安全隐患，因此张天收到的电子手表并非其想购买的产品，双方之间签订的网络购物合同的合同目的无法实现，卖家的行为构成根本违约。依照我国《合同法》第一百零七条（现已失效，相关规定见《民法典》第五百七十七条）规定："当事人一方不履行合同义务或者履行合同义务不符合约定的，应当承担继续履行、采取补救措施或者赔偿损失等违约责任。"故卖家应当承担退货退款的违约责任。

（二）销售无CCC认证电子手表为何构成欺诈

CCC认证系为保护消费者人身安全和国家安全、加强产品质量管理、依照法律法规实施的一种产品合格评定制度，属于国家强制性认证。未获得强制性产品认证证书和未加施中国强制性认证标志的产品不得出厂、进口、销售。根据法院查明的事实，电子手表属于依法应当进行CCC认证的产品，没有CCC认证的不得销售。依据《最高人民法院关于贯彻执行〈中华人民共和国民法通则〉若干问题的意见（试行）》（现已失效）第六十八条规定，一方当事人故意告知对方虚假情况，或者故意隐瞒真实情况，诱使对方当事人作出错误意思表示的，可以认定为欺诈行为。故欺诈的构成要件需要包括以下方面：欺诈方故意实施了欺诈行为、受欺诈方因此作出错误意思表示。本案中，卖家在销售电子手表时，应当核验产品的相关手续和安全证明材料等，其应当知晓涉案电子手表无CCC认证，却在此情形下仍然进行售卖，张天误认为涉案电子手表符合认证安全要求而进行购买，故卖家的行为构成欺诈。

（三）张天为什么可以主张三倍赔偿

《消费者权益保护法》第五十五条第一款规定："经营者提供商品或者服务有欺诈行为的，应当按照消费者的要求增加赔偿其受到的损失，增加赔偿的金额为消费者购买商品的价款或者接受服务的费用的三倍；增加赔偿的金额不足五百元的，为五百元。法律另有规定的，依照其规定。”本案中，卖家提供不符合CCC认证的电子手表，存在重大安全隐患，构成对消费者欺诈，消费者有权依据上述法律规定，请求卖家支付购物款三倍的赔偿金，以维护自身的合法权益。

产品安全事关每个人的切身利益。因此，广大消费者在选择相关产品时，一定要仔细阅读产品标签和说明书，注意查看是否符合安全标准，以免遭遇产品自燃自爆事件，如果购买到不符合安全标准的产品，要通过合法渠道积极维权。

知识拓展

（一）违约责任的法理分析

违约责任是《民法典》合同编明确规定的责任类型，是指当事人不履行合同义务或者履行合同义务不符合约定而依法应当承担的民事责任。违约责任是以有效的合同存在为前提的，合同不存在则不存在违约。违约责任属于一种财产责任。从学理上讲违约责任主要可以作如下分类：（1）单方违约与双方违约。双方违约，是指双方当事人分别违反了自己的合同义务，单方违约是指合同一方违反合同义务。（2）根本违约与非根本违约。以违约行为是否导致另一方订约目的不能实现为标准。（3）不履行、不完全履行与迟延履行。根据履行的现实情况进行区分。（4）实际违约与预期违约。

违约责任的构成需要符合法定的构成要件，主要有如下四个方面：（1）有违约行为，即违约方不履行相应的合同义务；（2）有损失事实，需要因违约行为造成一定的损失；（3）违约行为需要和损害后果之间存在因果关系，即造成的损害后果是因为违约行为所导致；（4）没有免责事由，如果有情势变更或者不可抗力等法定免责事由，则合同违约方无须承担责任。如果不具备上述条件，则不构成违约。

（二）CCC 认证的重要意义

CCC 认证的全称为“中国强制性产品认证”，英文名称 China Compulsory Certification，英文缩写“CCC”。它是我国政府为保护消费者人身安全和国家安全、加强产品质量管理、依照法律法规实施的一种产品合格评定制度。作为国家安全认证（CCEE）、进口安全质量许可制度（CCIB）、中国电磁兼容认证（EMC）三合一的“CCC”权威认证，是中国质检总局和国家认监委与国际接轨的一个先进标志，有着不可替代的重要性。

应当注意的是，CCC 认证并不是质量标志，它是一种基础的安全认证。CCC 认证主要试图通过“统一目录，统一标准、技术法规、合格评定程序，统一认证标志，统一收费标准”等一揽子解决方案，彻底解决长期以来中国产品认证制度中出现的政出多门、重复评审、重复收费以及认证行为与执法行为不分的问题，并建立与国际规则相一致的技术法规、标准和合格评定程序，可促进贸易便利化和自由化。应当注意的是，并非所有产品都需要 CCC 认证，CCC 认证名录已经对需要进行 CCC 认证的产品进行了明确列举，我们常见的电热水器、电磁炉、计算机等均需进行 CCC 认证。

【案例一】李君是一名外企员工，休假期间从网上买了一台“便携投影仪”，准备带回家送给爷爷，后经检索发现投影仪上标注的 CCC 认证为冒用。这么关键的信息竟然造假，李君对此非常气愤，经向消费者协会投诉，调解无果后，李君选择向法院提起诉讼，要求卖家退货退款并额外支付购买价款的三倍赔偿金。法院经审理发现，根据查明的事实，涉案投影仪属于依法应当进行 CCC 认证的产品，没有 CCC 认证的不得销售。本案中，法院经调取上述证书的认证备案材料，能够认定卖家出具的 CCC 认证证书与涉案投影仪的 CCC 认证信息不相匹配，可以确认涉案投影仪未获得 CCC 认证，最终法院判决卖家退还李君货款并赔偿购买价款的三倍赔偿金。另外，法院认为，对于不符合质量要求的产品的生产者、销售者，应当加强行政监管，依法处理。法院已将案件审理中发现的不符合质量要求的产品线索向有关市场监督管理部门进行移送。此案例再次反映，CCC 认证是基础性认证，应当认证而未认证的产品不得上市销售，否则要承担相应的法律责任。

【案例二】小王是一名音乐爱好者，周末从网店里购买了一台“智能音响”，到货后，小王发现音响音质存在问题，于是寄送专业机构进行检测。后检测机构告知小王，音响存在一定质量问题，且发现音响的 CCC 认证证书已失效。小王随即与商家进行沟通要求其说明原因，后经客服介入调解无效后，小王选择向法院提起诉讼，请求法院判令卖家退货退款并额外支付购买价款的三倍赔偿金。法院经依法受理后，认为这是一起网络购物合同纠纷，依照规定涉案音响属于依法应当进行 CCC 认证的产品，虽然音响外壳标有 CCC 认证标志，但是经查明其认证已失效，故应当视为涉案音响未进行有效 CCC 认证。最终法院判决卖家退还小王货款并赔偿购买价款的三倍赔偿金。这则案例提示我们：其实 CCC 认证证书并非长久有效，其有效期为 5 年。认证机构应当根据其对获证产品及其生产企业跟踪检查的情况，在认证证书上注明年度检查有效状态的查询网址和电话。认证证书有效期届满，需要延续使用的，认证委托人应当在认证证书有效期届满前 90 天内申请办理。

（三）CCC 认证证书、认证标志的辨识

根据《强制性产品认证管理规定》，国家认监委统一规定强制性产品认证证书的格式、内容和强制性产品认证标志的式样、种类。认证证书应当包括以下基本内容：（一）认证委托人名称、地址；（二）产品生产者（制造商）名称、地址；（三）被委托生产企业名称、地址（需要时）；（四）产品名称和产品系列、规格、型号；（五）认证依据；（六）认证模式（需要时）；（七）发证日期和有效期限；（八）发证机构；（九）证书编号；（十）其他需要标注的内容。获证产品及其销售包装上标注认证证书所含内容的，应当与认证证书的内容相一致，并符合国家有关产品标识标注管理规定。认证机构应当根据其对获证产品及其生产企业跟踪检查的情况，在认证证书上注明年度检查有效状态的查询网址和电话。

CCC 认证标志为白色底版，黑色图案。如果 CCC 标志为粘贴，则只能使用一次，不能重复粘贴。CCC 标志是镭射防伪标签，每一枚强制性产品认

证标志都有唯一的编码，该编码对应的产品已经储存在数据库中，消费者通过查询系统可对编码进行查询。通过上述学习，相信消费者对于 CCC 认证证书及标识的辨别有了更深入的了解。

普法提示

CCC 认证事关产品安全，事关消费者权益保护，意义重大。我国相关法律法规都对产品认证作出了明确规定，但是在司法实践中我们发现部分需要进行 CCC 认证的产品并未进行认证就进行销售，甚至出现假冒 CCC 认证标识的现象，扰乱了市场秩序，损害了广大消费者的合法权益。因此，需要多措并举，严格落实 CCC 强制性认证要求。

（一）生产者严格落实强制性产品认证管理规定

生产者是产品的缔造者，是第一责任人。列入认证目录产品的生产者或者销售者、进口商应当委托经国家认监委指定的认证机构对其生产、销售或者进口的产品进行认证。委托其他企业生产列入目录产品的，委托企业或者被委托企业均可以向认证机构进行认证委托。认证应当依照法定程序依法进行。生产商在依法获得认证后，应当严格按照认证标准进行生产，否则应当承担相应的法律责任。

对于列入目录产品的生产者、销售商，发现其生产、销售的产品存在安全隐患，可能对人体健康和生命安全造成损害的，应当向社会公布有关信息，主动采取召回产品等救济措施，并依照有关规定向相关监督管理部门报告。

（二）消费者应当主动鉴别，谨防欺诈

消费者是产品的使用主体，应主动提升防诈骗能力，区分产品的标识、认证标志。必要时可以通过网上查询、咨询专业人士等方式进行确认。如果消费者发现产品强制认证标签、标识存在问题，需及时与生产厂家或者经营者取得联系，询问缘由。必要时可以向电商平台举报，向消费者协会进行投

诉，或者通过仲裁、诉讼等法律途径维护自身的合法权益，使违法者受到应有的惩罚。

同时，消费者应当积极行使监督权。任何单位和个人对强制性产品认证活动中的违法违规行为，有权向国家质检总局、国家认监委或者地方质检两局举报，国家质检总局、国家认监委或者地方质检两局应当及时调查处理，并为举报人保密。

（三）监管部门依法履行职责

依法进行监管是保障消费者权益的重要途径。国家监管部门应当对认证机构、检查机构和实验室的认证、检查和检测活动实施年度监督检查和不定期的专项监督检查。地方监管部门依法按照各自职责，对所辖区域内的强制性产品认证活动实施监督检查，对违法行为进行查处。列入目录内的产品未经认证，但尚未出厂、销售的，地方监管部门应当告诫其产品生产企业及时进行强制性产品认证。如果在监管过程中发现违法行为，应依法及时进行处罚；发现构成犯罪的，及时将有关线索移送相关部门进行处理。

（四）电子商务平台加强对商家管理

电商平台作为管理者，应当加强对平台内商家的管理，督促商家及时查验合格证明、认证证明，以避免假冒伪劣产品投放网购市场；对于违法销售未经认证产品的商家，应当依据平台管理规定予以处理。电商平台应当进一步完善投诉举报渠道，方便消费者在发现商家违法销售行为后第一时间向平台举报，并及时将有关线索移送司法部门。

让我们携手共进，为构建风清气正的购物环境贡献一份属于我们自己的力量。

案例二

电子产品激活后想退货

——解析七天无理由退货制度兼论民法原则

李绪青[①]

随着互联网技术、快递行业、线上支付的发展，网络购物的便利性日益凸显。人们在网购初期会选择一些价格较低的生活用品试试水，而现在许多人热衷于在网络上购买大型家电、家具等用品。2014 年新实施的《消费者权益保护法》为了保护线上购物消费者的合法权益，将七天无理由退货规则正式通过立法予以确定。自 2017 年起实施的《网络购买商品七日无理由退货暂行办法》将该规则进行进一步细化，下面我们将通过典型案例来详细讲解七天无理由退货规则。

案情回顾

2018 年 10 月 31 日，小杨在 S 商城购买了“iPhone8 Plus 64GB”手机一部。2018 年 11 月 2 日，小杨收到涉案手机并进行激活试用。次日，小杨在浏览 S 商城和其他购物网站时发现其刚购买的 iPhone 手机降价了，于是他先后以“无理由退货”“价格波动”为由两次申请退货。S 公司在了解具体情况后，回复称“您的商品由于已激活原因不符合退换货条件，建议您正常使用”，并关闭其退货申请。小杨深感不满，认为其在收到手机后七天之内提出退货申请，S 公司应当按照七天无理由退货规则进行处理。于是他将 S 公司诉至法院，要求法院判令 S 公司退货并退还货款 5188 元。

被告 S 公司认为：1. 苹果手机激活后价值贬损较大，不属于适用七天无理由退货的商品范围。苹果手机的三包期限自激活之日起就开始计算，且激活过程中需要绑定 Apple ID，一旦激活就只能按照二手手机销售。而二手手

① 北京互联网法院综合审判一庭法官助理。

机与全新手机的售价、销路都差距较大，应当视为价值贬损大。2. S公司在销售的必经流程中设置了显著的确认程序。首先，涉案苹果手机的服务说明页面已经对七天无理由退货进行了说明，即“满足商品无理由退货条件，可办理退货。”其次，涉案手机“商品详情”页面和S商城官网公布的《S自营商品退换货总则》均告知消费者激活后不支持七天无理由退货。商品详情页面“售后服务”和“服务小贴士”两个板块两次标注“已激活的iPhone不支持七天无理由退货，请确认需求后再激活使用”，且为提示消费者注意，“不支持”三个字是通过区别于其他文字颜色的红色字体显著标示的。另《S自营商品退换货总则》第二条的退换货规则明确约定，网页标注“不支持无理由退换货”的，不支持七天无理由退货。再次，涉案手机的“确认订单”页面也明确告知消费者“激活后不支持七天无理由退货”，提交订单购买的行为是对该规则的单独确认。最后，2015年和2017年，小杨因相同的事实和理由与S公司有过多次开庭经验，S公司在庭审中也明确告知苹果手机激活后不支持七天无理由退货。小杨明知涉案手机激活后不支持七天无理由退货仍然下单购买是对该规则的确认，故涉案手机激活后不能适用七天无理由退货。3. 根据《消费者权益保护法》和《网络购买商品七日无理由退货暂行办法》(以下简称《暂行办法》)的规定，消费者适用七天无理由退货的商品应该完好。《暂行办法》第九条第二项规定，产生激活、授权信息、不合理的个人使用数据留存等数据类使用痕迹的电子电器类商品视为不完好。涉案手机属于电子产品且已激活，激活后iPhone手机会绑定Apple ID，也产生了授权信息，因此涉案手机应视为不完好的商品，不符合退货条件。综上，S公司不同意小杨的全部诉讼请求，请求法院驳回小杨的全部诉讼请求。

原审法院经审理后认为，小杨提交的证据能够证明小杨在S公司处购买商品，双方之间建立了网络购物合同关系。本案的主要争议焦点为小杨购买手机激活后提出的七天无理由退货请求是否符合法律规定。依据《消费者权益保护法》第二十五条的规定：“经营者采用网络、电视、电话、邮购等方式销售商品，消费者有权自收到商品之日起七日内退货，且无需说明理由，但下列商品除外：(一)消费者定作的；(二)鲜活易腐的；(三)在线下载或者消费者拆封的音像制品、计算机软件等数字化商品；（四）交付的报纸、期刊。除前款所列商品外，其他根据商品性质并经消费者在购买时确认不宜退货的商品，不适用无理由退货。消费者退货的商品应当完好……"《暂行办法》第七条规定，下列性质的商品经消费者在购买时确认，可以不适用七日无理由退货规定：（一）拆封后易影响人身安全或者生命健康的商品，或者拆封后易导致商品品质发生改变的商品；（二）一经激活或者试用后价值贬损较大的商品；（三）销售时已明示的临近保质期的商品、有瑕疵的商品。第二十条第二款规定，符合本办法第七条规定的商品，网络商品销售者应当在商品销售必经流程中设置显著的确认程序，供消费者对单次购买行为进行确认。如无确认，网络商品销售者不得拒绝七日无理由退货。此外，《暂行办法》第四条还规定，消费者行使七日无理由退货权利和网络商品销售者履行七日无理由退货义务都应当遵循公平、诚实信用的原则，遵守商业道德。一审法院认为，小杨于2015年、2017年先后两次从S公司购买iPhone手机，并通过诉讼参加多次庭审，小杨对S商城所售iPhone手机产品页面上的提示，即iPhone手机激活后不支持七天无理由退货的规定是明知的。S公司也在涉案商品的交易页面用显著字体对该规定履行了告知义务。小杨明知该规定依然下单购买，表明其同意和认可iPhone手机激活后不支持七天无理由退货的规定。综上所述，小杨的诉讼请求，一审法院不予支持。

原审法院判决后，小杨不服，上诉至北京市第四中级人民法院，称：1.网购商品只有同时满足设置确认不适用七天无理由退货的程序且激活后价值贬损较大两个前提，方不可适用七天无理由退货。但一审法院对此法条理解错误，S公司并未就激活后价值贬损较大进行举证，即使S公司网页载明激活后不适用七天无理由退货，也是混淆了"确认购买"和"确认不适用七天无理由退货"之概念，与法律规定相悖；2.一审法院指出其之前诉讼两次已明知被上诉人的商品不适用七天无理由退货之规定。首先，之前仅有的两次诉讼，均不是购买该涉案型号手机；其次，其购买涉案手机时S公司网页首页不仅没有写明不适用无理由退货，还写明了"适用七天无理由退货"之标识；最后，退一步讲，不论网页首页或其他页面是否写明适用七天无理由退货之告示，但七天无理由退货系法定，不因当事人意思自治。只要法律规定的七天无理由退货情形出现，不论当事人是否知晓、同意或是否明示无理由退货甚至附加了无理由退货之门槛，均应当依法退货。一审法院以其曾经诉讼时被上诉人网页载明七天无理由退货政策认定本次购买手机网页也载明相同的七天无理由退货政策，无事实和法律依据。请求撤销原判，依法改判支持其原审诉讼请求。

二审法院经审理后认为，双方二审主要争议焦点为：被上诉人S公司是否在商品销售必经流程中设置了显著的确认程序？小杨购买手机激活后是否属于价值贬损较大的情形，以及提出七天无理由退货请求是否符合《暂行办法》的规定？依据《暂行办法》第九条第二项的规定，电子类产品产生激活、授权信息等使用痕迹即构成价值贬损。第七条第二项规定，一经激活或者试用后价值贬损较大的商品，经消费者在购买时确认，可以不适用七日无理由退货规定。第二十条第二款规定，符合本办法第七条规定的商品，网络商品销售者应当在商品销售必经流程中设置显著的确认程序，供消费者对单次购买行为进行确认。如无确认，网络商品销售者不得拒绝七日无理由退货。通过上述规定可以看出，手机激活属于价值贬损较大的情形，但免予适用七天无理由退货的前提是网络商品销售者应当在商品销售必经流程中设置显著的确认程序。现有证据只能说明S公司在商品详情页面以及七天无理由退货说明里进行了显著的告知，而非在商品销售必经流程中设置了显著的确认程序。关于S公司在经历两次诉讼后已对告知确认程序进行了改进，在涉案手机的“确认订单”界面增加确认信息的说法，S公司未提供有效证据证明小杨本次购买流程中有相应的确认提示，故依据现有证据不能说明S公司在涉案商品销售必经流程中设置了显著的确认程序供消费者对单次购买行为进行确认。关于小杨购买手机激活后，提出七天无理由退货请求是否符合《暂行办法》规定的问题，《暂行办法》规定销售者设置显著的确认程序的目的是保障消费者享有充分的知情权。而小杨于2015年、2017年先后两次从被上诉人处购买iPhone手机，并以相同事由进行诉讼，通过两次诉讼明确知悉《暂行办法》关于手机激活属于价值贬损以及手机激活后商家不支持七天无理由退货的相关规定。《暂行办法》第四条规定，消费者行使七日无理由退货权利和网络商品销售者履行七日无理由退货义务都应当遵循公平、诚实信用的原则，遵守商业道德。该原则对买卖双方而言，是从缔结到履行合同过程中都应遵守的基本原则。而小杨在明知法律规定和S公司销售习惯的情况下，依然激活手机后主张七天无理由退货，不符合《暂行办法》第四条规定的诚实信用原则。一审判决认定小杨明知该规定依然下单购买，表明其同意和认可iPhone手机激活后不支持七天无理由退货的规定，本院认为该认定并无不当，应予以支持。故小杨本次购买手机、激活后再退货的请求，不符合《暂行办法》关于七天无理由退货的相关规定。由此，二审法院维持了一审法院的判决结果。

那么，七天无理由退货的具体规定是什么？S公司的设置是否符合要求呢？为什么小杨的诉讼请求未得到法院的支持？

法理分析

七天无理由退货，是指经营者采用网络、电视、电话、邮购等方式销售商品，消费者有权自收到商品之日起七日内退货。但并非所有的商品都适用七天无理由退货规则，我们可以将其归纳为“4+3”。不适用退货的商品包括两种：一种是法定的不适用；另一种是经消费者确认可以不适用。法定不适用的范围包括以下四类商品：（一）消费者定作的商品；（二）鲜活易腐的商品；（三）在线下载或者消费者拆封的音像制品、计算机软件等数字化商品；（四）交付的报纸、期刊。经消费者在购买时确认，可以不适用的范围包括以下三类商品：（一）拆封后易影响人身安全或者生命健康的商品，或者拆封后易导致商品品质发生改变的商品；（二）一经激活或者试用后价值贬损较大的商品；（三）销售时已明示的临近保质期的商品、有瑕疵的商品。对于第二种情况，《暂行办法》规定了严格的确认程序，销售者应当在商品销售必经流程中设置显著的确认程序，供消费者对单次购买行为进行确认。

本案中，S公司虽主张其在商品销售页面以及订单确认页面上均告知消费者涉案手机激活后不得适用七天无理由退货规则，但是其未能提交相关证据证明订单确认页面有相关告知，其仅在商品销售页面上进行告知是不符合《暂行办法》的要求的。那么为什么法院仍不支持小杨的诉讼请求呢？这是因为法院认定小杨在该合同纠纷中未能遵守公平原则和诚信原则。

公平原则和诚信原则是所有民事活动应当遵守的两个黄金原则，也是《暂行办法》要求消费者在适用七天无理由退货规则时应当遵守的原则。

公平原则要求民事主体从事民事活动时，应当合理确定权利义务，以实现公平。在日常的民事活动中，经营者不得通过设置各种制度或规则减轻或排除己方责任，加重消费者责任，损害消费者权利。比如制定“霸王条款”、要求会员卡余额到期清零、酒店不准顾客自带酒水入内等。而消费者亦不能通过规则来获得不平等的收益。

诚信原则要求一切市场参加者在不损害他人利益和社会公益的前提下，追求自己的利益。也就是说，当事人在从事民事活动时，应当充分尊重他人和社会的利益，不得滥用权利，民事主体无论是行使权利还是履行义务，都必须以善意的方式，尊重他人和社会利益，诚实地履行自己的义务，正确地行使自己的合法权利，不得损害社会公共利益，扰乱社会经济秩序和违反社会的公共道德准则。

就本案小杨的行为而言，其曾与S公司进行过关于手机激活后退货的多次诉讼活动，明确知道法律的规定和S公司的销售习惯，但其仍在激活手机后要求S公司按照七天无理由退货规则为其提供退货服务，显然违背了公平原则和诚信原则，故二审法院判决驳回其全部诉讼请求。

知识拓展

（一）电子产品是否适用七天无理由退货规则，有哪些要求

适用，但是有限制。电子产品和其他商品一样，在退货时必须保证商品完好。对于商品完好的标准，《暂行办法》也进行了明确的规定。其第八条

规定："消费者退回的商品应当完好。商品能够保持原有品质、功能，商品本身、配件、商标标识齐全的，视为商品完好。消费者基于查验需要而打开商品包装，或者为确认商品的品质、功能而进行合理的调试不影响商品的完好。"第九条规定："对超出查验和确认商品品质、功能需要而使用商品，导致商品价值贬损较大的，视为商品不完好。具体判定标准如下：……（二）电子电器类：进行未经授权的维修、改动，破坏、涂改强制性产品认证标志、指示标贴、机器序列号等，有难以恢复原状的外观类使用痕迹，或者产生激活、授权信息、不合理的个人使用数据留存等数据类使用痕迹……"

由此可见，消费者拿到电子产品后可以拆开包装进行查验与合理调试，此时仍可以认定商品处于完好状态。但如果消费者在明知电子产品激活与试用后会对其价值造成贬值的情况下仍进行激活与试用，那么就无法在激活与试用电子产品后要求销售者进行七天无理由退货。

（二）民事活动主体还应当遵守哪些民法原则

2017 年 10 月 1 日《民法总则》正式实施，一共规定了六个基本原则，包括：平等原则、意思自治原则、公平原则、诚实信用原则、公序良俗原则以及绿色原则。自 2021 年 1 月 1 日起实施的《民法典》延续了《民法总则》的规定。除了上面分析过的两个原则，下面我们将介绍其余四个原则：

平等原则，是指在民事活动中一切当事人法律地位平等，当事人的人格完全平等，任何一方不得将自己的意志强加给对方。这里要注意的是，平等不是要求民事主体经济地位的平等或经济实力的平等，而仅是法律地位的平等。该原则主要体现在四个方面：其一，自然人的民事权利能力平等、法人和非法人组织法律地位平等。其二，在具体的民事法律关系中，当事人的法律地位平等，由当事人双方协商一致，决定各自享有的民事权利和负担的民事义务。其三，法律对民事主体实行平等的保护。其四，作为平等原则的一个逻辑结果，当事人的意思也是平等的，任何一方不得将自己的意思强加给另一方。本条规定属于强行性规范，任何人违背平等原则，将自己的意思强加于对方，均将承担对自己不利的法律后果。

意思自治原则，是指参加民事活动的当事人在法律允许的范围内享有完全的自由，按照自己的自由意思决定缔结民事法律关系，为自己设定权利或对他人承担义务，任何机关、组织和个人不得非法干预。该原则从法律制度上最大限度保障了民事主体在民事活动中所享有的意志独立和意志自由，有助于社会主义市场经济的发展；但意思自治并不是绝对的，必须在法律规定的框架下行使，不然也就没有自由可言。

公序良俗原则，是指民事主体在参与民事法律关系时，在不违背法律强制性规则的条件下，可以依据公共秩序的一般要求和善良的风俗习惯进行民事行为；同时，民事纠纷的仲裁者在法律规定不足或不违背强制性法律规范的条件下，可以运用公共秩序的一般要求与善良风俗习惯处理纠纷。公序良俗是在长期社会生活历史中形成的、为公众内心所确信的，凝结着社会大众的普遍性的价值判断准则，是对现行法律法规的补充。现行法律法规不可能预见所有民事法律行为和关系，在条文上可能存在滞后或漏洞，公序良俗原则作为一种弹性条款，可以起到补充完善法律条文的作用。

绿色原则是指民事主体从事民事活动，应当有利于节约资源、保护生态环境。随着近些年来经济的高度发展，我国也面临日益严重的资源短缺和环境污染问题，习总书记说过：绿水青山就是金山银山；同时又提出了进行生态文明建设的要求，寻求人与自然的和谐相处。《民法总则》和《民法典》将绿色原则确立为我国民法的基本原则，具有与时俱进的意义。

普法提示

当前，我国网络购物的交易规模、用户规模逐年增长，这一趋势也将在未来一段时间内继续保持。在这个全民网购“买买买”的时代，我们希望商家为我们提供物美价廉的商品，更希望我们在权益受到侵害时得到应有的保护。我国多部法律对消费者的合法权益进行保护，除七天无理由退货规则外，《消费者权益保护法》第五十五条规定了商家欺诈的惩罚性赔偿制度，第一百四十八条规定了商家销售不符合食品、药品安全标准的商品的惩罚性赔偿制度。

法律虽赋予消费者这么多运用保护性条款的权利，但并不意味着消费者有权可以任性。本案中的小杨显然是在知道其所购的苹果手机激活后不能适用七天无理由退货规则的情况下，激活使用后要求S公司退货。在全国大力提倡营造良好营商环境的今天，小杨的做法显然是有损商家利益的，也不符合民法要求每一个民事主体做到诚信的初衷。

诚然，在日常的网络购物过程中，买到不称心商品的事情时有发生。作为消费者，遇到这种情况时，第一时间应与商家的客服人员进行沟通说明情况，通过协商尝试将问题解决。如果无法解决，那么可以申请相关购物平台介入，请求平台协助解决纠纷。若平台介入后仍无法妥善解决，那么可以通过诉讼的方式予以解决。如果需要提起诉讼，那么被告主体不同则会有不同的应对情况。当购买的是购物平台自营的商品时，可以直接起诉平台所对应的公司；当商家是平台内入驻的企业或个人时，可以根据平台披露的商家信息，或者要求平台披露个人信息进行起诉。这里有个技巧，如果无法分清是谁销售了相关的商品，那么可以直接起诉开具发票的公司。准确选择起诉的对象后，就要对证据进行收集与固定。如聊天记录、订单快照、发票等，只要是可能对自己有利的证据都应当进行收集，然后根据案件的实际情况进行筛选提交。

作为商家，首先，应当做到诚信经营，为消费者提供优质的商品。其次，应当严格依照法律法规的要求进行商业活动。我们可以看到在本案中，S公司未按照《暂行办法》的要求在商品销售必经流程中设置显著的确认程序，这是所有商家在日后的经营过程中都要注意的。这不仅是为了维护好消费者的知情权，更是为了降低自己的法律风险。最后，商家与消费者产生纠纷后，应当与其沟通，尽可能协商解决。如果消费者已经提起诉讼，那么商家应当积极搜集相应的证据材料应诉。

案例三

笔记本电脑“高配”变“低配”销售者承担“退一赔三”责任

任昱坤①

案情回顾

在互联网时代，网络购物日渐改变着人们的消费方式，网购逐渐成为“剁手”的重要方式之一。网络购物可以使消费者足不出户就能买到自己心仪的商品，同时相较于传统的线下购物，销售者省去了店面租金、人工服务等费用支出，因而一般情况下能为消费者提供更为优惠的价格。但网络购物选择主要依据于销售者的宣传，消费者在付款前无法接触到实物。家住北京市的李小强在网购时，就遇到了收到的商品参数与销售者宣传页面标注的参数不符的情况。

李小强因为工作需要想购买一台笔记本电脑，他打开网络购物 APP 浏览发现，同样配置的笔记本电脑在网上买要比在数码店买便宜很多。2019 年 5 月 27 日，李小强在 S 公司运营的网络购物 APP 上看中一款华硕笔记本电脑，这款电脑的图文详情宣传页面上以较大字体在显著位置标示有“第八代智能英特尔 · 酷睿 TMi5 处理器”“六核心”“十二线程”等，李小强心动之下立即付款购买，价格为 5388 元。但李小强收到电脑后检查发现，所收到笔记本电脑的配置实际为“四核心”“八线程”，于是向 S 公司客服询问，S 公司工作人员承认其放错了宣传图片，存在过失，愿意赔偿李小强 500 元。李小强不同意此处理结果，投诉到市场监督管理局，后因调解未成，李小强将 S 公司诉至法院。

原告李小强认为其购买到的笔记本电脑与 S 公司网上宣传的配置相差巨

---

① 北京互联网法院综合审判二庭法官助理。

大,S公司夸大产品性能，虚假宣传误导消费者购物，电脑“高配”变“低配”，S公司存在欺诈行为。基于以上理由，李小强要求解除网络购物合同，其退还电脑给S公司,S公司退还其购物款5388元。此外，因S公司存在欺诈行为，应依法赔偿三倍购物款共计16164元。

针对原告李小强的起诉，被告S公司发表了答辩意见：第一，因S公司工作人员工作失误，将标示“高配置”的宣传图上传到了该商品详情页面，但是也有较小字体显示正确的“低配置”标示，参数页面中也是正确的“低配置”标示，S公司不存在欺诈的故意。第二，原告李小强收货后与S公司工作人员联系时，S公司立即提出两种补偿方案，一种是李小强申请退货，S公司补偿500元；另一种是李小强继续使用，S公司补偿500元，但均未能达成一致意见。第三，李小强买到的笔记本电脑并无任何质量问题，完全可以正常使用。基于以上理由，被告S公司认为自己并无欺诈或者虚假宣传的故意，在纠纷发生后也积极提供了适当的补偿方案，因此请求驳回原告李小强主张三倍赔偿的诉讼请求。

法院经审理后认为，原告李小强通过S公司的网络购物APP购买笔记本电脑，被告S公司接受订单后发货，原告李小强亦签收货物，双方之间形成网络购物合同关系，该合同系双方当事人的真实意思表示，且未违反法律、行政法规的强制性规定，可以确认，李小强与S公司之间的网络购物合同合法有效。现李小强收到的笔记本电脑的重要参数与广告宣传页面存在不符的情况，虽然S公司主张因工作人员工作失误，导致涉案商品的页面信息维护错误，商品详情及商品参数部分有正确的标示，但标示错误的“六核心”“十二线程”字样相较于标示正确的“四核心”“八线程”字样明显更大且处于更显著的位置，足以误导李小强消费，因此S公司存在虚假宣传情形，构成欺诈行为。最后，法院支持了李小强的诉讼请求，解除双方之间的网络购物合同，双方各自退货退款，并由S公司支付李小强购物款项的三倍赔偿金。

案件判决后，原、被告双方均认可判决结果，未提出上诉。被告S公司及时与原告李小强取得联系，完成了退货退款，并在判决生效后立即将三倍赔偿金支付给了原告李小强，并向法官表示，以后会更注意商品详情的内容，避免不必要的纠纷。

法理分析

本案主要存在以下几个问题：第一，李小强与S公司的合同是否生效，为何可以解除？第二，S公司的行为是否构成欺诈？第三，为何S公司需承担三倍赔偿的责任？关于上述几个问题的法理分析如下：

（一）关于双方解除合同、退货退款的法理分析

本案是典型的网络购物合同纠纷，原告李小强在被告S公司的网络购物APP上购买了笔记本电脑，根据合同法律相关规定，买卖笔记本电脑的合同基于双方真实的意思表示，且形式与内容合法，合同成立并受到法律的保护。原告李小强作为消费者应当履行交付货款的义务，被告S公司作为销售者应当履行按照合同约定交付笔记本电脑的义务。

但由于李小强收到的“四核心”“八线程”的笔记本电脑与宣传页面所示的“六核心”“十二线程”参数不符，并非如其所愿，网络购物合同的合同目的已经不能实现，因此原告李小强作为消费者可依据《合同法》第九十四条（现已失效，相关规定见《民法典》第五百六十三条，下同）行使合同解除权。我国《合同法》第九十四条规定：有下列情形之一的，当事人可以解除合同：（一）因不可抗力致使不能实现合同目的；（二）在履行期限届满之前，当事人一方明确表示或者以自己的行为表明不履行主要债务；（三）当事人一方迟延履行主要债务，经催告后在合理期限内仍未履行；（四）当事人一方迟延履行债务或者有其他违约行为致使不能实现合同目的；（五）法律规定的其他情形。本案中，被告S公司向李小强交付的笔记本电脑与宣传的参数不符，被告S公司在庭审中也表示愿意解除合同退还货款，法院根据公平原则，确定合同解除，李小强应向S公司退还收到的“四核心”“八线程”笔记本电脑，S公司应向李小强退还购买电脑的货款5388元。

（二）关于S公司的行为是否构成欺诈的法理分析

本案争议焦点为S公司对于涉案笔记本电脑在互联网页面上的宣传是否构成欺诈。本案中，S公司销售的涉案产品有关配置的实际性能参数与其在商品页面的宣传数据不符，S公司虽称商品详情及商品参数部分有正确的标示，但标示错误的“六核心”“十二线程”的字样相较于其所称标示正确的“四核心”“八线程”的字样，明显更大且处于更显著的位置，足以误导消费者，使消费者作出错误的意思表示。

根据我国《消费者权益保护法》第二十条第一款的规定，经营者向消费者提供有关商品或者服务的质量、性能、用途、有效期限等信息，应当真实、全面，不得作虚假或者引人误解的宣传。参照《侵害消费者权益行为处罚办法》第六条第二项、第八项以及第十六条可知，经营者“以虚假或者引人误解的商品说明、商品标准、实物样品等方式销售商品或者服务”“夸大或隐瞒所提供的商品或者服务的数量、质量、性能等与消费者有重大利害关系的信息误导消费者”，且不能证明自己并非为欺骗、误导消费者而实施此种行为的，属于欺诈行为。尽管S公司辩称因工作人员工作失误，导致涉案商品的页面信息维护错误，但未能提供合理及有效证据予以佐证。故认定S公司就涉案产品性能方面存在虚假宣传，有误导消费者的行为，已构成欺诈，应承担相应的法律责任。

（三）关于适用三倍惩罚性赔偿的法理分析

2013年10月25日，《消费者权益保护法》修正案获得通过，并于2014年3月15日施行。新《消费者权益保护法》将原第四十九条的双倍赔偿条款修改为第五十五条，对欺诈行为加大惩罚性赔偿力度，鼓励消费者积极维权，促使商家规范经营。该条第一款规定：“经营者提供商品或者服务有欺诈行为的，应当按照消费者的要求增加赔偿其受到的损失，增加赔偿的金额为消费者购买商品的价款或者接受服务的费用的三倍；增加赔偿的金额不足五百元的，为五百元。法律另有规定的，依照其规定。”由此可见，针对经营者的欺诈行为，首先，将增加赔偿的金额由原先的价款或费用的一倍提高到三倍，即修改为“退一赔三”，加大惩罚力度；其次，设定了最低赔偿额，增加赔偿的金额不足500元时，最低赔偿500元。

适用惩罚性赔偿规定的前提，是经营者提供商品或者服务时实施了欺诈行为。消费者因经营者的欺诈行为受到损害的，消费者有权根据该法有关规定，在要求经营者承担民事赔偿责任之后，还可以根据该条规定要求经营者增加赔偿其受到的损失。根据上文分析，本案中原告李小强基于涉案笔记本电脑为“六核心”“十二线程”的误解购买涉案电脑，被告S公司的商品宣传页面存在虚假宣传情形，构成欺诈行为，因此，对于原告李小强要求被告S公司给付三倍赔偿金16164元的主张，法院予以支持。

知识拓展

（一）法律知识拓展：惩罚性赔偿制度的立法考察

本案中判定被告需承担“退一赔三”的责任适用了《消费者权益保护法》第五十五条第一款，这是惩罚性赔偿制度在我国立法中的典型体现。其实惩罚性赔偿制度在我国的多部法律中均有体现，如《民法典》侵权责任编第一千二百零七条规定：“明知产品存在缺陷仍然生产、销售，或者没有依据前条规定采取有效补救措施，造成他人死亡或者健康严重损害的，被侵权人有权请求相应的惩罚性赔偿。”《劳动合同法》第八十二条规定：“用人单位自用工之日起超过一个月不满一年未与劳动者订立书面劳动合同的，应当向劳动者每月支付二倍的工资。用人单位违反本法规定不与劳动者订立无固定期限劳动合同的，自应当订立无固定期限劳动合同之日起向劳动者每月支付二倍的工资。”第八十七条规定：“用人单位违反本法规定解除或者终止劳动合同的，应当依照本法第四十七条规定的经济补偿标准的二倍向劳动者支付赔偿金。”《食品安全法》第一百四十八条第二款中的“支付价款十倍或者损失三倍的赔偿金”，《旅游法》第七十条第一款中的“旅游者还可以要求旅行社支付旅游费用一倍以上三倍以下的赔偿金”。由此可见，我国在多个部门法的立法上采用了惩罚性赔偿制度，惩罚性赔偿制度在我国的立法体系中，不仅适用于合同案件，也适用于侵权案件。那么，惩罚性赔偿制度在域外的立法又是如何呢？下面就以英美两国为例进行知识拓展。

现代惩罚性赔偿制度起源于英国，在英国仅适用于侵权类案件，适用范围受到很多限制，赔偿数额也不高。1964 年英国 Rookes V. Barnard 案确立了惩罚性赔偿只适用于三类侵权行为：一是政府官员欺压性、专断性、违宪性行为；二是被告预先计算其侵权行为的不法获利超出对原告的赔偿；三是已有成文法中明确规定惩罚性赔偿的案件。1993 年英国上诉法院进一步限缩了惩罚性赔偿的适用，即在符合上述适用条件的同时，侵权行为还必须属于 1964 年 Rookes V. Barnard 案之前判决所确定的侵权行为类型。1997 年，英国法律改革委员会提出《关于加重的、惩罚性的和剥夺性的损害赔偿金改革报告》意图扩大惩罚性赔偿制度的适用范围，主张惩罚性赔偿可以适用于“任何侵权或衡平法上的不法行为，也可以适用于基于任何法令所规定的民事不法行为，只要适用惩罚性赔偿与法令的目的相符”。[①] 但需要注意的是，英国的惩罚性赔偿制度仅适用于侵权领域，不适用于合同领域。尽管有学者对违约是否适用惩罚性赔偿进行探讨，但是英国政府在 2007 年就《损害赔偿法》发布咨议报告时指出，“政府无意在民事程序中拓展有关惩罚性赔偿的立法”。[②]

美国的惩罚性赔偿制度与英国相比，适用范围更加广泛，但美国的惩罚性赔偿制度没有统一的标准，各州对于惩罚性赔偿制度的规定有所差异。与英国不同的是，美国的惩罚性赔偿制度除了在侵权领域适用之外，在合同领域也加以拓展适用。惩罚性赔偿制度在合同领域的适用主要有以下两种情形：（1）违约行为和侵权行为竞合的案件；（2）当事人之间存在特殊关系的

---

① 金福海：《惩罚性赔偿制度研究》，法律出版社 2008 年版，第 109 页。

② See Department for Constitutional Affairs（DCA），The Law on Damages CP 9/07，May 2007. 转引自李晚秋：《专利侵权惩罚性赔偿制度：引入抑或摒弃》，载《法商研究》2013 年第 4 期，第 139 页。

案件。[1]1994年，美国法律统一委员会专门制定了《惩罚性赔偿示范法》并于1996年通过,《惩罚性赔偿示范法》规定了惩罚性赔偿制度的指导性适用条件供各州立法参考，包括满足以下条件:（1）客观上被告实施了损害原告的行为，需依法负责;（2）原告可证明被告存在造成损害的主观过错;（3）对被告有科以惩罚性赔偿的必要性（须遏制被告类似行为）。[2]但是这个法案并没有具体规则，在具体的案件中惩罚性赔偿是否必须适用，以及赔偿金数额的确定等方面并没有具体的标准，实际上需要各个州的法官与陪审团自由理解和裁量。

（二）技术知识拓展:笔记本电脑的参数配置

在本案中，李小强购买的笔记本电脑在商品详情页面以较大的字体在显著位置标示为“六核心”“十二线程”字样，而实际收到的笔记本电脑配置为“四核心”“八线程”，那么这里的“核心”“线程”的含义是什么呢?为了避免在选购电脑时碰到和李小强一样的遭遇，下面就一同来了解一下相关知识吧。

如同人的大脑一样，CPU是计算机的大脑。在CPU中有两个重要的参数就是本案中的“核心”和“线程”。核心是指CPU上物理存在的内核数量，好比人干活的胳膊，四核心就是有四条胳膊，六核心则代表有六条胳膊，胳膊越多可以同时进行的任务就越多，也就是说，在同等条件下核心数越大，处理任务的能力越强。而线程是一个虚拟概念，好比一条胳膊上的手的数量。早期电脑都是单核心单线程、双核心双线程，核心数和线程数是相等

---

① 关淑芳:《惩罚性赔偿制度研究》，中国人民公安大学出版社2008年版，第113页。

② The trier of fact may award puntitive damages against a defendant if:（1）the defendant has been found liable for a legally recognized injury which supports an award of punitive damages under the law of this State;（2）the plaintiff has established by clear and convincing evidence that the defendant maliciously intended to cause the injury or consciously and flagrantly disregarded the rights or interests of others in causing the injury; and（3）an award is necessary to punish the defendant for the conduct or to deter the defendant from similar conduct in like circumstances.

的。后来，英特尔公司发明了让一个核心具备两个线程的技术（HyperThread 超线程，简称 HT），提高了处理器的利用率，好比利用新技术让每条胳膊上又长出了一只手，从而提升了干活的效率。本案中宣传页面所示的“六核心”“十二线程”配置的笔记本电脑，相当于这台电脑可以有六只手十二条胳膊工作，但实际收到的笔记本电脑只有四只手八条胳膊（“四核心”“八线程”）工作。所以买电脑的时候，一般情况下 CPU 核心多的比核心少的要好，在核心数一样的情况下，线程数越多的越好，在实际中核心数、线程数越多的 CPU，价格相对也越贵。

其实除核心与线程的数量越高性能越好外，还有一个极其重要的参数是“主频”，也就是我们通常听到的 3.2GHz、3.6GHz、4.0GHz 等。CPU 的主频就好比我们最常使用的胳膊的肌肉，主频越高（肌肉越强），干活的力量越大。否则就算有八条胳膊（核心）十六只手（线程），也只是看起来张牙舞爪，实际上枯瘦如柴，效果也并不会很好。一般办公应用、图片编辑、影音娱乐属于常用单线程应用，CPU 主频高，核心和线程数少一点儿无所谓，但如果有图形渲染、视频剪辑、大型游戏等需要进行大量并行运算的需求，多核心多线程同时工作显然比核心、线程少而仅是主频高的“肌肉男”能够节省大量的时间。因此，选购电脑时首先要看核心的运算能力，然后考虑多核心多线程的总体性能。

普法提示

网络购物以其便捷性冲击着传统购物模式，然而其弊端也暴露出来。在网络购物纠纷中，虚假宣传是“重灾区”。不同于可直接接触到商品的传统购物模式，网络购物买卖双方均处于虚拟状态，网络购物网站页面表述的商品信息是消费者了解商品并决定是否购买的重要依据。在网购案件的审理过程中，我们发现经营者虚假宣传、过度宣传与隐瞒性宣传商品用途、性能、质量，使消费者产生错误的认识，诱导消费者购买其商品，因而所引发的诉讼较为常见。

法官建议消费者在进行网络购物时，要注意选择有保障的网络购物平台和商家，在下单购买前要仔细查看商品详情页面广告所宣传内容。尤其在购买电子产品前，一定要注意查看产品参数配置页面的详细信息，有不明事宜或特殊要求，可以在购买之前通过官方聊天软件向商家多加咨询，以便更加详细地了解商品情况，还应充分了解促销、优惠等营销方案，同时要注意保留沟通的详细记录。

消费者在收取货物后，要仔细检查核对收到的货物是否与宣传所示的相符，如对商品有异议的，应及时反映并保留记录。必要时，可对交易记录中的各种信息进行公证；避免因证据保存不及时等原因导致维权时缺乏有力证据的情况发生。同时需注意，在拆取快递后，要将物流单证，商品包装等保存一段时间，以便于在发生纠纷时能够提供充足的证据维护自己的合法权益。

法官建议电子产品的经营者应当诚信经营，真实、全面地对商品或服务的质量、性能、用途等信息进行宣传，对商品的详情页面要做到审慎审核，及时维护和更新，不得进行虚假宣传。在商品宣传界面中如涉及不同版本与不同型号，应当清晰明确地标注，要为自己出售的商品把好关、定好价，避免出现标识错误、选错商品、发错货、算错价等情况，造成不必要的网络购物纠纷。

第五章

家具建材

案例一

风险负担

——买卖合同交付的风险由谁承担

吕可[①]

在当代社会中，“一手交钱、一手交货”的买卖方式多发生在日常的小额的、面对面的交易中。而在网络购物领域，“一手交钱、一手交货”的买卖方式却不能够实现，网络上大量的买卖交易，双方义务的履行是不同步的，商品所有权的转移与实际交付商品的时间间隔和运输移转，使人们认识到商品瑕疵或灭失风险的现实可能性是大大存在的。从缔约合同到交付商品往往经过许多中间环节，尤其是在有承运人的情况下更为复杂。在此情况下，商品瑕疵或灭失风险究竟是由出卖人承担还是由买受人承担，就直接关系双方当事人的利益，常常会产生纠纷矛盾。下面让我们来看一下现实生活中常见的事例。

案情回顾

原告苏虹，是一位家住北京市海淀区的老师，因为家里装修的需要，2019 年 3 月 7 日，苏虹在津西网上的桑诺洁具专卖店购买了两个智能马桶。被告桑诺公司住所地在上海市浦东新区，是一家主要经营马桶销售业务的公司，其在电商平台津西网上开设了 TOTO 桑诺洁具专卖店，原告苏虹即是在被告桑诺公司的津西商铺购买了这两个马桶。

2019 年 3 月 14 日，快递师傅上门送货，苏虹在收货单上签字。2019 年 3 月 24 日，安装师傅上门安装马桶，开箱时发现其中一个马桶已经破损。随后苏虹便与桑诺公司进行了沟通交流。结果：1. 桑诺公司认为苏虹收货签字就是确认货物完好；2. 桑诺公司强调其公司和物流公司的合同已经到期，所

① 北京互联网法院综合审判二庭书记员。

以拒绝赔偿。苏虹认为：第一，苏虹的签收只是确认收到货物，不是确认内部物品完好。并给出了四个理由：（1）重100公斤的货物包装严密，挪不动更搬不动，非专业人士的客户无法打开验货；（2）短时间无法确认，不得不签字；（3）其他销售点都是安装师傅开箱验货确认好坏，而不是收货即验货，桑诺公司的规定显然是侵害消费者利益的霸王条款；（4）收货时外观已有变形，安装师傅开箱时发现马桶破碎。说明送货上门时内部已经损坏。第二，桑诺公司和物流公司的合同与买家没有任何关系，以和物流公司合同到期为由要买家承担马桶损坏的责任，买家表示不能接受。马桶从送货到现在已经三个月，问题没有得到解决，故起诉至法院。苏虹向法院提出诉讼请求：全款退还破损马桶的金额5488元。

被告桑诺公司辩称：对于苏虹的诉求，桑诺公司无法同意。第一，苏虹在收货后应当第一时间查验，有问题应当及时联系桑诺公司，桑诺公司客服之前强调过一定要收货查验，苏虹没有当场验收，属于苏虹的责任。第二，苏虹之前在津西网后台咨询客服，下订单未付款时，桑诺公司客服就再三提醒苏虹一定要在签收前开箱验货，付款后桑诺公司又再次提醒开箱验货，商铺详情页面也明确标明一定要开箱验货。

法院经审理认定事实如下：2019年3月7日，苏虹在桑诺公司于津西网开设的TOTO桑诺洁具专卖店购买了两个智能马桶，实付款10976元。2019年3月14日，苏虹收到涉案马桶并在收货单上签名。2019年3月24日，苏虹开箱后发现其中一个马桶破损。苏虹提交收货时外观变形的邮件外包装照片，证明木支架断裂，外观变形；提交安装开箱时马桶已破碎的照片，证明开箱时马桶呈破碎状态。桑诺公司主张公司客服之前强调过一定要收货查验，苏虹没有当场验收，属于苏虹的责任。

桑诺公司提交签字回单，证明苏虹进行了收货查验并签字。苏虹主张签字回单没有问题，其签字只是说明自己收到货物，并不能说明马桶是完好的，桑诺公司的格式条款违反《消费者权益保护法》，应为无效，涉案马桶是安装开箱时才发现破损的，往回翻看收货时的照片发现两件外包装不同。桑诺公司提交聊天记录截图，证明2019年3月7日苏虹在津西网后台咨询客服，下订单未付款时桑诺公司客服就再三提醒苏虹一定要在签收前开箱验货，付款后桑诺公司又再次提醒开箱验货，详情页面也明确标明一定要开箱验货。苏虹认同客服聊天记录，主张其在3月24日发现破损后第一时间联系了桑诺公司。

法院认为，根据《合同法》第一百四十二条（现已失效，相关规定见《民法典》第六百零四条）的规定，标的物毁损、灭失的风险，在标的物交付之前由出卖人承担，交付之后由买受人承担，但法律另有规定或者当事人另有约定的除外。《电子商务法》第五十一条第一款规定，合同标的为交付商品并采用快递物流方式交付的，收货人签收时间为交付时间。合同标的为提供服务的，生成的电子凭证或者实物凭证中载明的时间为交付时间；前述凭证没有载明时间或者载明时间与实际提供服务时间不一致的，实际提供服务的时间为交付时间。本案中，苏虹通过电子商务平台在桑诺公司处购买涉案商品，双方之间建立了网络购物合同关系，系双方当事人的真实意思表示，且形式和内容不违背法律、行政法规的强制性规定，应为有效。涉案合同的标的为交付马桶并采用快递物流的方式交付，苏虹在桑诺公司多次提醒其在签收前开箱验货的情况下，未履行及时查验义务即签收涉案马桶，其签收时视为完成了涉案马桶的交付，涉案马桶的毁损、灭失风险即转移给苏虹承担。苏虹主张签收并不能证明涉案马桶完好的意见，法院不予采纳，因此，对于苏虹的全部诉讼请求，法院均不予支持。

法理分析

本案中主要有两个法律问题：（一）买卖合同中的“风险负担”问题；（二）采用快递物流方式交付时间的问题。

（一）买卖合同中的“风险负担”

买卖合同中的“风险负担”，是指买卖合同生效后，合同履行完毕前，因不可归责于双方当事人的事由致使标的物毁损或灭失时，应由哪一方当事人承担价金风险的问题。

我们要从以下三个因素来理解这个概念：第一，时间因素：买卖合同的标的物毁损、灭失要发生在合同生效之后，消灭之前。所以，若买卖合同无效、不成立，标的物毁损、灭失的问题就不属于买卖合同的风险负担问题。第二，原因因素：买卖合同的标的物毁损、灭失“不可归责于”双方当事人。主要是指由于不可抗力、意外事件、第三人的原因毁损、灭失。如果合同当事人对标的物毁损、灭失具有过错，应按违约责任或侵权处理，不再属于买卖合同风险负担问题。第三，标的物因素：1. 无论买卖的标的物是种类物还是特定物，买卖合同均存在风险负担的问题。2. 只有特定物的买卖才存在风险负担转移的问题，种类物买卖虽有风险负担的问题，但不存在风险负担转移的问题，换言之，只要买卖的标的物仍为种类物，尚未特定化，买受人就不可能承担风险，风险由出卖人承担，不可能移转给买受人。3.《最高人民法院关于审理买卖合同纠纷案件适用法律问题的解释》原第十四条（现第十一条）规定，当事人对风险负担没有约定，标的物为种类物，出卖人未以装运单据、加盖标记、通知买受人等可识别的方式清楚地将标的物特定于买卖合同，买受人主张不负担标的物毁损、灭失的风险，人民法院应予支持。该司法解释明确说明了买卖合同种类物的风险负担规则。

什么是“风险负担”呢？在买卖合同中，“风险”不是指由于当事人的故意或过失造成的损失，而是由意外事件或不可抗力造成的。如火灾、沉船、变质、碰撞、受潮、渗漏、破碎、受热、发霉、盗窃等。因此，“风险负担”是指标的物因不可归责于任何一方当事人的事由而遭受的各种意外损失由谁来承担。

根据《合同法》第一百四十二条（现已失效，相关规定见《民法典》第六百零四条）的规定，标的物毁损、灭失的风险，在标的物交付之前由出卖人承担，交付之后由买受人承担，但法律另有规定或者当事人另有约定的除外。

本案中，第一，从时间因素来看：苏虹和桑诺公司双方之间建立了网络购物合同关系，属于买卖合同关系下的一种合同，且形式和内容不违背法律、行政法规的强制性规定，应为有效合同，不是无效的、不成立的合同。且该网络购物合同的标的物（即马桶）毁损、灭失发生在合同生效之后、消灭之前，在买卖合同风险负担的时间范围内。第二，从原因因素来看：由于不可抗力、意外事件的概率较小、大概率可能是由于第三人的原因毁损、灭失。因此，该网络购物合同的标的物（即马桶）毁损、灭失“不可归责于”双方当事人。因此不适用违约责任或者侵权责任，属于买卖合同风险负担的原因范围。第三，从标的物因素来看：该网络购物合同的标的物（即马桶）是一件具体的商品，属于特定物，不属于种类物，因此，属于买卖合同风险负担的标的物范围。第四，苏虹和桑诺公司之间未约定标的物毁损、灭失的风险由谁承担，法律也没有另有规定。因此，苏虹购买的马桶，在完成交付以后，其毁损、灭失的风险即转移给苏虹承担，苏虹不能以马桶破损为由，向桑诺公司主张赔偿，因此，法院判决驳回了苏虹的全部诉讼请求。

（二）采用快递物流方式交付时间的问题

根据《合同法》第一百四十二条（现已失效，相关规定见《民法典》第六百零四条）的规定，买卖合同风险负担的原则采取“交付主义”。“交付”的含义，是买卖的标的物占有的移转。在网络购物合同中，标的物的交付，大部分采取的都是快递物流的方式，那么，采取快递物流的方式邮寄的商品，什么时候视为完成了商品的交付呢？

根据《电子商务法》第五十一条第一款的规定，合同标的为交付商品并采用快递物流方式交付的，收货人签收时间为交付时间。

本案中，苏虹与桑诺公司网络购物合同的标的为交付马桶，并采用快递物流的方式交付，苏虹签收收货单时即视为完成了涉案马桶的交付，涉案马桶的毁损、灭失风险即转移给苏虹承担。并且，苏虹在桑诺公司多次提醒其在签收收货单时一定要开箱验货的情况下，未履行及时查验义务即签收涉案马桶，苏虹主观上具有明显过错，对于苏虹主张签收并不能证明涉案马桶完好的意见，法院不予以采纳。

知识拓展

通过对上述的案例和法理的学习，相信大家对于买卖合同中“风险负担”的问题已经有了初步的了解，并且对采用快递物流方式交付的时间问题有了清楚的认识，为了进一步丰富大家关于这方面的知识，接下来让我们一起深入理解一下相关知识。

（一）《民法典》第六百零四条的具体解析和案例运用

《民法典》第六百零四条规定，标的物毁损、灭失的风险，在标的物交付之前由出卖人承担，交付之后由买受人承担，但法律另有规定或者当事人另有约定的除外。从中可以看出《民法典》第六百零四条对于合同风险负担规则是以“交付主义”为主的。但其在具体司法实践指导中，存在比民法更多的规范性，主要为“准所有权主义”的适用。

《民法典》第六百零四条中的标的物的“交付”指的是买卖合同中买方在其已经获得所有权之后或是已经获取所有权的债权的法律许可之后才具有承受风险的义务。而传统中的“交付”则是指转移后立刻形成交付关系，其交付代表着所有权的转移。而《民法典》第六百零四条所规定的交付权可称为“准所有权主义”，在有效弥补了现行法律中在交付和所有权分立的情形下，风险转移无适用法律的问题。另外，合同风险负担规则现行法律中的“交付规则”运用时，买方承担风险的基础在于其享有标的物的特定权益，是事实上的标的物“所有人”，所以在取得标的物所有权之后，其正式开始承担风险，若买方不能在法律意义上占有所有权，则不需要对风险进行承担。在法律上，买方性质等同于租借人。在一定意义上也可称为标的物的“准所有权”拥有者。

下面通过具体的案例对《民法典》第六百零四条的有益之处进行解析。

2015年，海南某房地产开发商甲欲出售一套闲置房屋，遂同时向乙、丙二人打电话发出售房邀请。乙立刻表明购买意愿，于第二天前往看房，并全额支付房款，签订售房合同，但未同甲办理房屋的产权变更。随后，丙也向甲表达了购房意愿，而甲在乙、丙双方不知情的情况下，同丁也签订了房屋买卖合同并与其办理了产权变更。不久之后，房屋被意外烧毁。在这一房屋买卖合同案例中，丙不需承担风险是毋庸置疑的事情。相关法律条例规定，实际拥有房屋“所有权”的乙应该承担风险，而同时乙因为无法在法律上实现占有房屋的“所有权”，所以也不需要承担风险。这些法律条例解释起来具有矛盾性。而依照《民法典》中的“准所有人主义”能够有效地解释这一案例，由于在这次买卖中，甲对于乙丙双方都未曾履行交付义务，所以在法律上可以视为“未交付”主义，甲才是这次风险的主要承担者。

（二）特殊形态的买卖合同风险负担规则

1. 正在运输途中的标的物买卖

在实际的买卖活动中，出售正在运输途中的标的物时，由于在订立买卖合同时，标的物已经装在运输工具上，双方不可能在此时对其进行检验，买卖双方都可能不大清楚标的物是否有毁损或灭失的情况，如果标的物在运到目的地后发现毁损或灭失，往往很难判断这种损失究竟发生在运输过程中的哪个阶段，发生在订立合同前还是在订立合同后，因此就很难确定风险应当由谁承担。为此，《民法典》第六百零六条规定，出卖人出卖交由承运人运输的在途标的物，除当事人另有约定外，毁损、灭失的风险自合同成立时起由买受人承担。由此可以看出，我国法律对此问题的态度是，自合同订立时起，风险就转移到买方承担。如果情况表明有此需要，从货物交付给签发载有运输合同单据的承运人时起，风险由买方承担。尽管如此，如果卖方在订立合同时已知道或应当知道货物已经毁损或灭失，而卖方又不将这一事实告知买方，则这种毁损或灭失由卖方负担。

2. 需要运输的标的物买卖

《民法典》第六百零七条第二款规定，当事人没有约定交付地点或者约定不明确，依据本法第六百零三条第二款第一项的规定标的物需要运输的，出卖人将标的物交付给第一承运人后，标的物毁损、灭失的风险由买受人承担。这就是说，运输合同虽然由出卖人负责订立，运输过程中的风险却由买受人承担。出卖人仅承担将标的物交付给第一承运人之前的风险，交付之后的风险即由买受人承担。事实上这里有两种情况：一是合同并没有规定出卖人有义务在某一特定地点交付标的物，此时出卖人将标的物交付给第一承运人以转交给买受人时，标的物风险则由买方承担；二是出卖人有义务在某一特定地点将标的物交付给承运人，此时标的物在特定地点交付给承运人时，风险方转移至买方，在此之前的风险仍应由卖方承担。

我们通过对买卖合同风险规则的研究，详细解释评价《民法典》第六百零四条对买卖合同风险的指导作用，明确了风险负担的“交付主义”规则。在未来的发展中，加强对这些问题的研究和完善，从而推动我国买卖合同风险负担规则更具有全面性，能更好地指导买卖合同的进行，促进我国市场经济的快速发展。

普法提示

（一）审查合同主体，确认合同有效

签订买卖合同，首先要审查合同的主体，合同主体一般包括三类：自然人、法人、其他组织。根据法律规定，没有主体资格签订的合同，为无效合同或者效力待定合同。合同无效后，因该合同取得的财产，应当予以返还；不能返还或者没有必要返还的，应当折价补偿。有过错的一方应当赔偿对方因此所受到的损失，双方都有过错的，应当各自承担相应的责任。效力待定合同需要权利人的追认，权利人不追认的，为无效合同。

（二）明确合同条款，确定质保期限

合同条款主要包括合同标的、合同标的物、数量、履行等。合同标的即合同双方的法律关系。合同标的物即具体的交易产品，包括品牌、名称、型号、规格等。数量的计量单位要写清楚，建议采取最常用的计量单位，时间界点应确定至日。如果没有约定履行期限或履行期限不明确的，则需要双方协商签订补充协议，协议不成的，债务人可以随时履行，债权人也可以随时

要求履行，但应当给对方必要的准备时间。至于履行方式和地点，是卖方送货上门，还是买方提货，履行地点在什么地方，都是需要明确的。质量保证的期限是非常重要的，应约定明确，质保期内出现质量问题，可以要求对方承担维修、更换、甚至退还的责任，否则就会产生一系列纠纷。

（三）谨慎付款问题，约定风险负担

涉及付款问题，首先应明确约定单价、总价或结算方式；其次单价或总价应明确约定是否含税款；付款时间界点应确定至日。付款方式也是很重要的，能够款到发货或者一次性付款当然是最好的。退而求其次，分期付款，要求对方支付预付款或定金也是常用的方式。

约定买卖合同的风险负担问题是非常重要的，如果没有约定交付地点或者约定不明确，就应该按照相关法律规定来处理。标的物需要运输的，出卖人应当将标的物交付给第一承运人以运输交付给买受人；标的物不需要运输，出卖人和买受人订立合同时知道标的物在某一地点的，出卖人应当在该地点交付标的物；不知道标的物在某一地点的，应当在出卖人订立合同时的营业地交付标的物。

案例二

违约损害赔偿

——质量瑕疵构成实际违约

吕可[①]

在网络购物日益发达的今天，人们在网络上进行购物，与出卖方形成网络购物合同关系，但因为是虚拟网络交易，所以买受人只能通过出卖人提供的照片观感、产品介绍等出卖人掌握话语权的信息来购买心仪的商品，买受人无法进行当面的、直接的商品质量检验，确认没有质量问题后购买商品，因此，买受人在拿到商品的快递后，经常发现购买的商品质量有问题，不如出卖人描述的那样优良，常常有“买家秀”和“卖家秀”的区别，商品质量有问题，出卖人是否构成合同法律规范上的违约？进而是否产生违约损害赔偿的问题？下面让我们看一下网购中的案例。

案情回顾

原告段延任，是一位家住北京市东城区的钢铁厂工人，因为家里地板老化损坏比较严重，于是下定决心更换家里的地板。被告江苏老木匠木材厂，是一家住所地在江苏省苏州市的木材加工厂，从事线下加工木材业务，同时在淘好货平台开设地板网络销售店铺。

2018 年 9 月，段延任在淘好货平台江苏老木匠木材厂网店购买了 95 平方米的地板。铺装过程中发现地板全部是残次品，每块地板都有一个边是斜的，不是方正规整的，地板铺上后留有一个很大的缝隙。联系商家沟通交流后，商家告知段延任，地板是让别人代工的，拒绝退换货物，只退还款项 2000 元让段延任将就使用。随后，地板又发生大幅缩水，全部散开，段延任按照商家指导重新进行铺装，很快又出现更大缝隙导致不能正常使用。其间

---

① 北京互联网法院综合审判二庭书记员。

几次协商了解决方案，商家以各种理由拖延不落实，致使段延任装修工期严重拖延，最后，段延任无奈只能重新购买其他地板安装。在此期间，淘好货平台频繁更换工作人员，未能及时解决相关问题。江苏老木匠木材厂无故拒不退换严重残次商品，对多次协商方案不予落实，致使装修工期耽误近一年，给段延任及其家人心理造成极大伤害，工作和生活都极不顺心。因此，段延任向法院提起诉讼并提出诉讼请求：要求被告江苏老木匠木材厂予以退款退货，返还地板费用余款 7975 元，修理费用 1040 元和安装拆除费用 5500 元，共计 14515 元。

法院经审理认定事实如下：2018 年 9 月，段延任在淘好货平台被告江苏老木匠木材厂网店购买了 95 平方米的地板，因为被告销售的地板存在不符合标准尺寸、有缩水情况、安装后有缝隙等严重质量瑕疵问题不能使用，造成段延任经济损失包括购买地板费用 9975 元，修理费用 1040 元，两次拆装费用 5500 元，花费 16515 元，其间双方当事人多次协商解决方案未能达成一致，被告退还了段延任货款 2000 元，段延任经济损失合计 14515 元。

法院认为：根据《合同法》第九十四条第四项（现已失效，相关规定见《民法典》第五百六十三条）的规定，当事人一方迟延履行债务或者有其他违约行为致使不能实现合同目的，当事人可以解除合同。《合同法》第九十七条（现已失效，相关规定见《民法典》第五百六十六条）规定，合同解除后，尚未履行的，终止履行；已经履行的，根据履行情况和合同性质，当事人可以要求恢复原状、采取其他补救措施，并有权要求赔偿损失。本案中，段延任通过电子商务平台在江苏老木匠木材厂处购买涉案商品，双方之间建立了网络购物合同关系，系双方当事人的真实意思表示，且形式和内容不违背法律、行政法规的强制性规定，应为有效。江苏老木匠木材厂交付的地板存在不符合标准尺寸、有缩水情况、安装后有缝隙等严重质量瑕疵问题不能正常使用，江苏老木匠木材厂属于不完全履行合同义务，已经构成实际违约，致使合同目的不能实现，应当承担违约损害赔偿责任。因此，法院对段延任的诉讼请求予以支持。

法理分析

本案涉及的法律问题主要是：（一）违约责任构成要件；（二）违约损害赔偿。

（一）违约责任构成要件

1. 当事人要有不履行或者不完全履行合同义务的违约行为

当事人不履行或者不完全履行合同义务是违约责任的客观要件。违约行为根据债务履行期限届至时间前后分为：（1）预期违约；（2）实际违约。

（1）预期违约：包括明示毁约与默示毁约

明示毁约，是指在债务履行期限届至前，债务人无正当理由明确肯定地表示其将不履行合同义务的违约行为。

默示毁约，是指在债务履行期限届至前，债权人有确切的证据证明，在合同履行期限届至时，债务人将不履行或者不能履行债务，且债务人拒绝为履行债务提供相应担保的违约行为。

（2）实际违约：包括拒绝履行、迟延履行、不完全履行

拒绝履行：又称毁约，是指在债务履行期限届至后，当事人不履行合同规定的全部义务的情况。

迟延履行：包括：第一，迟延给付，又称债务人迟延，是指债务人在履行期限到来后，能够履行债务而没有按期履行债务。第二，迟延受领，是指债权人应当对债务人的履行及时受领而没有受领。

不完全履行：又称部分履行或者瑕疵履行，是指在债务履行期限届至后，当事人虽然有履行行为，但在履行数量、质量、方式、地点方面存在瑕疵。

2. 当事人的违约行为造成了损害结果

损害结果是指一方当事人违约给对方造成了财产上的损害和其他不利的损害后果。从债权人权利角度考虑，只要债务人有违约行为，合同债权人的权利就无法实现或不能全部实现，其损害后果即已发生。从债务人义务角度来看，只要债务人有违约行为，债务人就属于不履行合同或者不完全履行合

同，构成预期违约或实际违约，这两种违约都会给债权人带来损害后果，因此就产生损害赔偿的问题。在债务人需要支付损害赔偿的情况下，则必须考虑债权人所受到的实际损害。

3. 当事人的违约行为和损害结果之间存在着因果关系

违约一方当事人承担损害赔偿责任的原因，是其违约行为给对方当事人造成了损害后果。当事人的违约行为和损害结果之间存在着因果关系。如果合同一方当事人的损害结果非因对方当事人的违约行为造成，违约人自然没有赔偿的义务。违约行为造成的损害包括直接损害和间接损害，我国合同法律规定遵循填平规则，对直接损害和间接损害，违约人都应赔偿。

本案中，（1）江苏老木匠木材厂交付的地板存在不符合标准尺寸、有缩水情况、安装后有缝隙等严重质量瑕疵问题不能正常使用，属于不完全履行合同义务的违约行为，已经构成实际违约；（2）因为江苏老木匠木材厂的违约行为，造成段延任经济损失包括购买地板费用 9975 元，修理费用 1040 元，两次拆装费用 5500 元，花费 16515 元，又因为江苏老木匠木材厂退还了货款 2000 元，段延任实际经济损失合计 14515 元；（3）正是因为江苏老木匠木材厂的违约行为造成了段延任的经济损失，两者之间有因果关系。因此江苏老木匠木材厂符合违约责任的构成要件，应当承担违约损害赔偿责任。

（二）违约损害赔偿

违约损害赔偿是指违约方因不履行或不完全履行合同义务而给对方造成损失，依法应承担损害赔偿责任。

违约损害赔偿的特点：1. 违约损害赔偿是因违约方不履行或不完全履行合同义务而产生的一种民事责任。2. 违约损害赔偿原则上仅具有补偿性，例外的有法律明文规定的一些惩罚性赔偿。3. 违约损害赔偿遵循填平规则，以赔偿受损方因对方违约行为而遭受的全部损害为原则，包括直接损害和间接损害。4. 违约损害赔偿是最常见的违约责任形式，具有最广泛的适用性，其他违约责任形式可以部分转化为违约损害赔偿。5. 违约损害赔偿主要以给付金钱债务为主，即赔偿金钱损失。

那么，违约损害赔偿具体遵循哪些原则？又有哪些限制？

1. 完全赔偿原则

根据《合同法》第一百一十三条第一款（现已失效，相关规定见《民法典》第五百八十四条），违约方承担补偿性损害赔偿的范围包括实际损失和可得利益的损失两部分。1. 实际损失，是指因违约行为遭受的财产损害和人身损害，但不包括精神损害赔偿；2. 可得利益的损失，主要指利润的损失，例如获得货物以后进行转卖所获得的利润；获得产品设备后投入生产所获得的利润。

2. 违约损害赔偿的限制规则

（1）合理预见规则：根据《合同法》第一百一十三条第一款（现已失效，相关规定见《民法典》第五百八十四条）的规定，损害赔偿的数额不得超过“违反合同一方”“订立合同时”预见到或者应当预见到的因违反合同可能造成的损失。

（2）减少损失规则：根据《合同法》第一百一十九条第一款（现已失效，相关规定见《民法典》第五百九十一条）的规定，当事人一方违约后，对方没有采取适当措施致使损失扩大的，不得就扩大的损失要求赔偿。

（3）损益相抵规则：如果违约行为在给对方造成损失的同时，还给对方带来了收益或者给对方减少了费用的支出，则在计算损害赔偿的数额时应当减去该收益或者节约出来的费用。

（4）过错相抵规则：原《最高人民法院关于审理买卖合同纠纷案件适用法律问题的解释》第三十条规定，买卖合同当事人一方违约造成对方损失，对方对损失的发生也有过错，违约方主张扣减相应的损失赔偿额的，人民法院应予支持。

本案中，如前所述，江苏老木匠木材厂符合违约责任的构成要件，应当承担违约损害赔偿责任。因为江苏老木匠木材厂交付的地板具有严重的质量瑕疵问题，继续履行或采取补救措施的现实意义不大，段延任也不愿再使用江苏老木匠木材厂销售的地板，主张退货退款，采取以给付金钱债务为主的违约损害赔偿较为合理。那么，违约损害赔偿的数额确定就应该依照完全赔偿原则，包括实际损失和可得利益的损失两部分，段延任实际经济损失包括购买地板费用9975元，修理费用1040元，两次拆装费用5500元，花费16515元，又因为江苏老木匠木材厂退还了货款2000元，段延任最终实际经济损失为14515元。段延任并未就地板进行转卖或者投入生产，属于自用，所以不产生可得利益的损失部分。因此，法院对段延任实际经济损失14515元的诉讼请求予以支持。

知识拓展

在上述的案例和法理学习中，大家对违约责任构成要件和违约损害赔偿有了初步的认识，下面我们再扩展一下物的瑕疵的类型和其他违约责任形式的内容。

（一）物的瑕疵的类型

物的瑕疵，即出卖人交付的标的物不符合约定，在无约定时，不符合法定标准，并且该瑕疵须在交付时就存在。《最高人民法院关于审理买卖合同纠纷案件适用法律问题的解释》将物的瑕疵分为两类：数量瑕疵与质量瑕疵（质量瑕疵又分为外观瑕疵与隐蔽瑕疵）。这种分类的意义在于：不同种类的物的瑕疵，约束买受人的检验通知期间也不同。

1. 数量瑕疵

假设甲声称向乙交付两辆汽车，实际只交付了一辆，这就存在数量瑕疵。但须注意，如果约定甲应一次交付两辆汽车，但甲一次交付时仅交付一辆汽车，这是部分履行，不是数量瑕疵问题。

2. 质量瑕疵：包括外观瑕疵与隐蔽瑕疵

（1）外观瑕疵。如上述案例中交付的地板，形状不方正规整，这就是肉眼可以发现的瑕疵，称为外观瑕疵。又如假设甲交付的汽车喷漆有划痕，或者约定买卖的汽车为自动挡，但甲交付的是手动挡，这就存在外观瑕疵，是通过感官检验就可以发现的瑕疵。

（2）隐蔽瑕疵。还是如上述案例中交付的地板，在全部铺成地板之后，发现地板之间有缝隙，时间长久之后，甚至有地板缩水的情况，就称为隐蔽瑕疵。又如假设甲交付的汽车烧柴油；轮胎钢圈合金成分不合格，它们是借助物理化学检验，或者进行使用才能发现的瑕疵，就属于隐蔽瑕疵。

3. 买受人的检验通知期限

（1）如果出卖人与买受人约定了检验通知期限，买受人必须在约定的检验通知期限内通知出卖人标的物具有物的瑕疵。

（2）但有一个例外，根据《民法典》第六百二十二条第一款的规定，当事人约定的检验期限过短，根据标的物的性质和交易习惯，买受人在检验期限内难以完成全面检验的，该期限仅视为买受人对标的物的外观瑕疵提出异议的期限。而隐蔽瑕疵不能适用该约定期限。

（3）约定的检验期限短于法律、行政法规规定的检验期限的，以法律、行政法规规定的检验期限为准。

下面让我们通过案例加深理解。

2017 年 2 月 10 日，甲公司与乙公司签订了一份购买 1000 台甲型台灯的合同，约定由乙公司于 3 月 10 日前办理托运手续，货到付款。乙公司如期办理了托运手续，但装货时多装了 100 台乙型台灯。甲公司于 3 月 13 日与丙公司签订合同，将处于运输途中的前述合同项下的 1000 台甲型台灯转卖给丙公司，甲丙双方约定货物质量检验期为货到后 10 天内。3 月 15 日，上述货物在运输途中突遇泥石流灾害，致使 200 台甲型台灯受损报废。3 月 20 日货到丙公司，4 月 15 日丙公司以部分货物质量不符合约定、外观具有瑕疵为由拒付货款，并要求退货。那么丙公司能否拒付货款和要求退货？为什么？假设交付的台灯发光亮度不符合标准规定，丙公司又该如何主张？

案例解析：1. 丙公司无权就外观瑕疵拒绝付款和要求退货，3 月 20 日货到丙公司，因为合同约定了质量检验期间为到货后 10 天内，丙公司在此期间未提出异议，4 月 15 日才提出外观具有瑕疵的质量问题，此时已过质量检验期间，视为质量符合要求。2. 假设交付的台灯发光亮度不符合标准规定，该质量问题属于隐蔽瑕疵。根据原《最高人民法院关于审理买卖合同纠纷案件适用法律问题的解释》第十八条第一款（现已修改，相关规定见《民法典》

第六百二十二条）的规定，隐蔽瑕疵不能适用该约定期间，丙公司在质量检验期间过去后仍可主张退货退款。

（二）其他违约责任形式

根据《民法典》第五百七十七条的规定，当事人一方不履行合同义务或者履行合同义务不符合约定的，应当承担继续履行、采取补救措施或者赔偿损失等违约责任。违约责任形式是违反合同的一方应承担民事责任的具体方式。具体包括继续履行（又称实际履行），采取补救措施（修理、更换、重作、退货等），赔偿损失（又称违约损害赔偿），支付违约金和适用定金罚则。

1. 继续履行（又称实际履行）

《民法典》第五百八十条第一款规定："当事人一方不履行非金钱债务或者履行非金钱债务不符合约定的，对方可以要求履行……"对于有效成立的合同，其标的规定是什么，义务人就应当继续履行什么，不能轻易地以违约金或赔偿金代替履行标的。义务人如果不能按合同规定的标的给付，即使向对方偿付了违约金或赔偿金，也不能轻易免除其交付标的的义务。当然，继续履行不是绝对的，如以特定物（如古董）为标的的合同，当该特定物（如古董）灭失时，继续履行已不可能，在这种情况下可以违约金或赔偿金代替补偿。

2. 采取补救措施（修理、更换、重作、退货等）

《民法典》第五百八十二条规定，履行不符合约定的，应当按照当事人的约定承担责任。对违约责任没有约定或者约定不明确，依据本法第五百一十条的规定仍不能确定的，受损害方根据标的的性质以及损失的大小，可以合理选择请求对方承担修理、重作、更换、退货、减少价款或者报酬等违约责任。在此强调一点，减少价款或者报酬又称减价请求权，通说观点认为减价请求权系形成权，买受人请求出卖人承担减少价款的违约责任时，无须出卖人的同意。

3. 赔偿损失（又称违约损害赔偿）

在法理分析第（二）部分，我们已经详细论述过了，在此不再赘述。

4. 支付违约金

《民法典》第五百八十五条第一款规定，当事人可以约定一方违约时应当根据违约情况向对方支付一定数额的违约金，也可以约定因违约产生的损失赔偿额的计算方法。违约金责任是指在违约发生后，违约方作出的独立于履行行为以外的金钱给付，分为约定违约金和法定违约金。目前，我国合同法律规定的违约金大多属于约定违约金，需要当事人事先约定违约金条款。需要注意的是，实际履行不能代替支付违约金，违约方实际履行后，如果对方要求违约方支付违约金，只要违约金的数额不过高于造成的损失，违约方应当继续支付违约金。

5. 适用定金罚则

《民法典》第五百八十七条规定，债务人履行债务的，定金应当抵作价款或者收回。给付定金的一方不履行债务或者履行债务不符合约定，致使不能实现合同目的的，无权请求返还定金；收受定金的一方不履行债务或者履行债务不符合约定，致使不能实现合同目的的，应当双倍返还定金。需要强调的是，当事人既约定违约金责任又约定定金责任的，一方违约时，对方只能在违约金责任和定金责任中，选择其中一项主张，不能同时主张违约金和定金责任。

普法提示

（一）消费者擦亮眼睛

俗话说货比三家不吃亏，小心驶得万年船，在网络购物的环境下，消费者不能直接、现实地检验从网络上购买的商品质量，只能通过销售者的产品描述、图片观感等间接方式获取商品的信息，因此，消费者应该擦亮眼睛，多方比较，通过考察销售者的网络店铺评分、商家信誉、买家评价、差评数量、物流速度等多方面信息来确认购买的商品是否真的符合自己的要求。如果没有购买到符合自己要求的商品，应该在收到货物之后及时检验，并在发现问题之后，马上与销售者沟通协商。更要学会寻求法律救济，了解相关法律规定，请求法院维护自己的合法权益，让不法商家承担法律责任。

（二）销售者诚信经营

在市场经济条件下，网络商业交易日益繁荣，部分网络销售者利用网络商业交易的缺陷钻空子，唯利是图，罔顾自己的商业信誉，违背自己的良心，销售不符合质量标准，存在质量瑕疵的商品，违反合同的规定，不完全履行甚至根本不履行自己的合同义务责任，构成违约，应当承担违约责任。更有甚者，在消费者起诉至法院以后，仍然不积极采取补救措施，推诿扯皮，这种做法既伤害了消费者，又要受到法律的制裁，实在是两头不讨好。做买卖，只有以诚信为本，才能细水长流。

（三）法律应居中衡平

法律以天平作为标志，天平居中，衡平各方，虽说法律人只忠于内心的法律，但法律的生命不在于逻辑，而在于经验。法律应当充分听从双方当事人的意见，根据事实情况，衡平当事人的利益，依照法律规定，作出公正合理的裁判，例如违约损害赔偿是最重要和最具广泛适用性的违约责任形式，在适用时应严格依照相应规则行事，体现其精神实质和深刻内涵。一方面有效维护当事人的合法权益，另一方面促进交易的进行和维护良好的社会经济秩序。如此，才能真正实现定分止争、息诉宁人的法律效果。

第六章

休闲娱乐

案例一

网络游戏

——游戏充值不少钱，关服后剩余的虚拟货币何去何从

孟丹阳[1]

网络游戏作为一种休闲娱乐方式，凭借其酷炫的玩法、场景化的画面设置、高度的互动性，吸引着越来越多的游戏玩家尤其是年轻玩家的参与。随着 5G 网络、云计算等技术领域的发展与赋能，游戏产业会得到新一轮的提升，更多类型的游戏会成为用户的消费对象。那么，对于广大网络游戏用户，在体验网络游戏带来的精神愉悦的同时，如何理性地解决随之而来的一些纠纷，成为用户需要注意和思考的问题。

案情回顾

小王是资深的游戏玩家。湖南 S 公司为“无忧玩”手游平台和网络游戏“秦剑”的运营商。小王于 2017 年 3 月下载注册湖南 S 公司“秦剑”游戏，该游戏的虚拟货币为“元宝”，1 元人民币可购买 10 个元宝。小王使用元宝进行游戏并购买游戏中的虚拟装备练级，并在该游戏玩家中排名第一。

2017 年 8 月，湖南 S 公司在涉案手游平台发布《关服公告》称“秦剑”游戏将停服，自公告之日起至正式关服期间，玩家可正常登录游戏，游戏于 2017 年 8 月 26 日暂时关闭充值接口，于 2017 年 8 月 31 日关闭服务器，同时关闭其相应链接；相关补偿方案要求玩家联系客服获取。之后，湖南 S 公司又再次发布《关服公告》称“秦剑”游戏将于 2017 年 9 月 21 日关闭服务器，同时关闭其相应链接。2017 年 9 月 5 日，湖南 S 公司发布《关于粉丝迁移至本公众号的说明》称“无忧玩”手游平台的账号主体由湖南 S 公司变更为江西 S 公司。2017 年 9 月 21 日，江西 S 公司关闭涉案游戏服务器。当时小王尚有 61 个元宝

---

① 北京互联网法院审管办（研究室）法官助理。

未使用完毕。自2017年3月起至2018年9月20日止，小王向游戏账号充值共计人民币94238元，其中小王2017年9月20日的充值金额为人民币8元。

湖南S公司、江西S公司自认“秦剑”游戏关服转游补偿方案为：1.充值档位为100元至1000元的，按充值返还10%，开服第一天额外赠送至尊会员加980元宝或1000元宝的，根据游戏内实际档位；2.充值档位为1001元至5000元的，按充值返还20%，每天最高返500元，返完为止，开服第一天额外赠送至尊会员加980元宝或1000元宝的，根据游戏内实际档位；3.充值档位为5000元以上的，按充值返还20%，每天最高返500元，返完为止，开服第一天额外赠送至尊会员加980元宝或1000元宝的，根据游戏内实际档位；充值返利：100%返利，返利总额度为原游戏充值金额的20%。上述转游补偿只限定一个玩家一个账号给予一次转游补偿机会，必须是玩家原游戏的充值账号才能给予转游补偿，补偿元宝为非绑定元宝，不带VIP经验。小王不认同湖南S公司与江西S公司的补偿方案，诉至法院，请求法院判令湖南S公司、江西S公司返还全部充值费用并赔偿各项损失。①

小王认为，自己的充值金额兑换成元宝购买了相应的装备，其价值就体现在了装备价值上，关服时尚未使用的网络游戏虚拟货币及尚未失效的游戏服务，应当按用户购买时的比例，以法定货币退还用户或者以用户接受的其他方式进行退还。小王认为，被告两S公司已根本违约，其应当依法承担赔偿损失的违约责任。S公司经营游戏平台，自己在平台充值，双方即形成合同关系。S公司有义务保证自己花费法定货币购买的装备产品在其平台上正常使用。S公司单方面以通知形式关闭服务器，是明显的根本违约行为，在继续履行不能且无任何补救措施的情况下，应承担赔偿责任。

湖南S公司、江西S公司辩称，双方构成网络服务合同，S公司已为用户小王提供了相应的服务。小王充值消费，S公司提供网络游戏服务，小王在游戏过程中享受到精神上的愉悦，该部分合同已履行完毕，故小王无权要

---

① （2019）赣01民终482号，来源于中国裁判文书网，根据编写需要对部分情节有所加工，案例中当事人均为化名。

求S公司返还充值消费的款项。玩家通过将法定货币转化为游戏中的虚拟货币元宝，再用元宝购买所需的装备，装备不属于游戏中的虚拟货币，且双方均认可关服时有61个元宝未使用完毕。S公司认为，“尚未失效的游戏服务”是指在固定的期限内享有与他人不同的服务，现不存在尚未失效的游戏服务，小王主张将所有购买的装备认定为“尚未失效的游戏服务”，这与现实游戏环境明显脱离。首先，本案属于服务合同，用户体验了游戏的快乐，这属于无形的价值。其次，用户主张游戏一旦关闭，所有装备被认定为“尚未失效的游戏服务”，忽视了运营商提供的服务，违背市场交易规则，且严重违反公平原则。

一审法院对小王主张的虚拟装备种类、数量及相对应的元宝数量予以确认。网络游戏运营期间，小王的充值金额已兑换成元宝用于游戏和购买虚拟装备，小王接受了游戏经营者提供的游戏服务，享受了游戏的乐趣，故对小王要求返还全部充值金额的诉请，一审法院不予支持。但小王剩余的元宝系其充值所获，关服后，网络游戏用户尚未使用的网络游戏虚拟货币，应当按用户购买时的比例，以法定货币退还用户或以用户接受的其他方式进行退换。因小王自认于2017年9月20日充值人民币8元，故对小王剩余的61个元宝，应参照充值购买元宝比例，由江西S公司退还小王人民币6.1元。涉案网络游戏中，小王通过支付一定的费用或占用一定的游戏时间练级获得虚拟装备等虚拟财产。游戏中的虚拟财产是以数据形式存在于特定的电子虚拟空间中的一种模拟财产的电磁记录，在一定的游戏环境和技术条件下，其可能具有经济价值，但该价值仅限于满足游戏用户对某些游戏功能的需求，不能直接等同于法定货币的价值。一般情况下，一款网络游戏终止或者用户注销时，虚拟财产即消灭，小王创建的账号、角色及获得的虚拟装备就不再具有经济利益，故对小王关于湖南S公司、江西S公司应将虚拟装备对应的“元宝”兑换人民币1809862元且该金额为其实际损失的主张，一审法院不予采纳。

最终，一审法院判决对于小王剩余的61个元宝，应参照充值购买元宝比例，由S公司退还小王人民币6.1元，对于小王提出的由S公司按照官网商城价值赔付1809862元的主张，不予支持。二审法院维持了一审判决。

下面将从消费者是否有权主张将未使用的游戏虚拟货币以现金方式退还以

及要求游戏商家按照网络游戏中装备、道具的官方商城价值赔付进行相关分析。

法理分析

（一）消费者是否有权主张将未使用的网络游戏虚拟货币以现金方式退还

根据《文化部、商务部关于加强网络游戏虚拟货币管理工作的通知》（以下简称《网络游戏虚拟货币管理通知》）第（一）条，网络游戏虚拟货币，是指由网络游戏运营企业发行，游戏用户使用法定货币按一定比例直接或间接购买，存在于游戏程序之外，以电磁记录方式存储于网络游戏运营企业提供的服务器内，并以特定数字单位表现的一种虚拟兑换工具。网络游戏虚拟货币用于兑换发行企业所提供的指定范围、指定时间内的网络游戏服务，表现为网络游戏的预付充值卡、预付金额或点数等形式，但不包括游戏活动中获得的游戏道具。

根据《网络游戏虚拟货币管理通知》第（八）条，网络游戏虚拟货币的使用范围仅限于兑换发行企业自身所提供的虚拟服务，不得用以支付、购买实物产品或兑换其他企业的任何产品和服务。因此，一般情况下，虚拟货币有着严格的用途界限。本案中，法院认定的主要争议焦点是S公司的赔付方式是否应当为现金形式及赔偿金额的认定。S公司提出转游补偿方案，通过以其他游戏充值返利的优惠方式给予小王补偿，小王则坚持应当以现金方式返还。依据《文化部关于规范网络游戏运营加强事中事后监管工作的通知》（现已失效）第（九）条的规定，网络游戏运营企业不得向用户提供网络游戏虚拟货币兑换法定货币或者实物的服务，但是网络游戏运营企业终止提供网络游戏产品和服务，以法定货币方式或者用户接受的其他方式退还用户尚未使用的虚拟货币的情况除外。

二审法院依据当时的《网络游戏管理暂行办法》[1]第二十二条的规定，“网

① 因文化和旅游部不再承担网络游戏行业监管职责，《网络游戏管理暂行办法》已于2019年7月10日废止。

络游戏用户尚未使用的网络游戏虚拟货币及尚未失效的游戏服务，应当按用户购买时的比例，以法定货币退还用户或者用户接受的其他方式进行退换”，支持了小王的这部分诉讼请求。因此，对于游戏关服前小王尚未使用的 61 个元宝，S 公司应当以现金形式退还。

（二）关服后，消费者是否有权要求游戏商家按照网络游戏中装备、道具的官方商城的价值进行赔付？

本案中，小王在游戏平台充值消费，游戏经营者提供游戏服务，双方之间成立网络服务合同。小王接受游戏服务，享受了精神上的乐趣，合同目的已经实现，因此本案中不存在根本违约。

法院经审理认为，游戏中的虚拟财产是以数据形式存在于特定的电子虚拟空间中的一种模拟财产的电磁记录。虚拟财产仅在特定的场景下可能具有经济价值，不能直接等同于法定货币的价值。价值 1809862 元的装备仅为存在于虚拟网络中的虚拟财产，本质仍为服务游戏本身，在游戏关服后便失去价值，不具备法定货币的价值。

《文化部关于规范网络游戏运营加强事中事后监管工作的通知》（现已失效）规定，“网络游戏运营企业不得向用户提供虚拟道具兑换法定货币的服务，向用户提供虚拟道具兑换小额实物的，实物内容及价值应当符合国家有关法律法规的规定”。

因此，小王不可以就网络游戏中的道具、装备主张按照官网商城价值赔付法定货币。

知识拓展

（一）网络游戏虚拟货币的相关立法沿革

虚拟货币随着网络游戏的兴起逐步进入大众的视野。早年，网络游戏虚拟货币的立法存在空白，虚拟游戏货币可以进行双向交易，甚至存在被用于赌博或变相赌博的现象。一些不法经营者利用虚拟货币的发行或交易侵犯消费者的合法权益，扰乱了现实货币体系。

实践中出现较早的规范虚拟货币的案例是2006年11月《最高人民法院公报》上发布的上海市黄浦区人民检察院提起公诉的网络盗窃案，判决认定窃取的Q币是财产，行为构成盗窃罪。

自2007年起，各部门陆续出台规范文件，加强对网络游戏虚拟货币的管理。

2007年下发的《公安部、信息产业部、文化部、新闻出版总署关于规范网络游戏经营秩序查禁利用网络游戏赌博的通知》，针对网络游戏行业不规范，游戏运营商开设带有赌博色彩的网络游戏、不法人员利用网络游戏进行赌博活动的问题进行规制，强调利用网络游戏虚拟货币的涉赌行为的违法性。同年下发的《文化部、国家工商行政管理总局、公安部等关于进一步加强网吧及网络游戏管理工作的通知》《新闻出版总署、中央文明办、教育部等关于保护未成年人身心健康实施网络游戏防沉迷系统的通知》，分别针对“部分青少年沉迷网吧及网络游戏”“网吧接纳未成年人”“黑网吧及非法网络游戏”等突出问题，进一步明确加强相关部门对游戏运营商的监管责任，充分利用技术手段规范未成年人文明上网。

2009年下发的《文化部、商务部关于加强网络游戏虚拟货币管理工作的通知》、2010年文化部下发的《网络游戏管理暂行办法》[①]以及2016年下发的《文化部关于规范网络游戏运营加强事中事后监管工作的通知》（现已失效）分别对虚拟货币的市场准入和用途范围进行了规范。这些规范的出台，强调了网络虚拟货币只能单向兑换，可以用人民币购买但不能换成人民币，防止网络游戏虚拟货币对现实货币秩序可能产生的冲击。

（二）涉及网络游戏的相关法律问题分析

一是对未成年人利用成人身份注册网络游戏并进行充值行为的认定。小

① 因文化和旅游部不再承担网络游戏行业监管职责，《网络游戏管理暂行办法》已于2019年7月10日废止。

淘是一名五年级的小学生，酷爱网络游戏，经常与班里同学比赛，屡屡荣登游戏排行榜榜首。最近班里流行一款大型网游，小淘也不甘落后，赶紧加入游戏队伍中。为更好地进行游戏体验，小淘用妈妈的身份信息、支付宝和银行账号进行了游戏注册，玩得不亦乐乎，与此同时，小淘的学习成绩也是每况愈下。

随着等级越来越高，小淘不满足于用自己为数不多的零花钱进行充值，这日，小淘以学校交生活费为借口向父母索要6000元，进行了一次性大额充值。

事情很快被发现，小淘的父母对小淘的大额充值行为不予追认，与游戏运营商交涉未果，故诉至法院，要求返还充值款。

对于这类纠纷，小淘的父母向法院提供了必要的证据，证明了注册行为以及本次大额消费行为是小淘所为、游戏账号系小淘实际支配并使用。根据《民法典》第十九条的规定，八周岁以上的未成年人为限制民事行为能力人，实施民事法律行为由其法定代理人代理或者经其法定代理人同意、追认；但是，可以独立实施纯获利益的民事法律行为或者与其年龄、智力相适应的民事法律行为。小淘刚满10周岁，属于限制行为能力人，根据涉案金额、当地经济水平、小淘的判断能力和支配能力等因素，大额充值行为与其年龄和智力不相匹配，综合判定认为小淘签订合同的法律行为属于效力待定的民事法律行为，生效的前提是经过其法定代理人的追认。小淘的父母明确表示不予追认，合同没有实际生效，游戏运营商应退还充值费用。

不过，需要注意的是，对于未成年人的大额充值行为，监护人有谨慎核查及监督的义务，监护人需要加强对未成年人的教育管理，引导未成年子女健康游戏、文明上网。

二是对于游戏用户不遵守《用户协议》行为引致账号冻结的法律认定。大淘在×游戏公司运营的游戏平台玩一款武侠游戏，未遵守《用户协议》的规定，向未经官方授权的第三方渠道进行代充值，再利用赠送系统低折扣购买游戏内容，使得账号被网络运营商冻结一个月，大淘因为账号被封无法游戏，导致虚拟产品的收入无法实现，故将游戏运营商起诉至法院，要求赔偿经济损失。

实践中，为保护游戏用户的合法权益，游戏运营商会在《用户协议》中规定，对于破坏游戏或影响游戏正常进行的行为采取一种或多种处理措施。本案中的大淘向未经授权的第三方渠道充值即属于其中的一种，这种行为影响了服务器整体的公平性。用户点击“阅读并同意”完成注册，即与合同运营商成立服务合同关系，应该遵守协议内容。所以对于大淘主张赔偿经济损失的诉请，法院不予支持。

普法提示

（一）适度娱乐，营造健康的游戏氛围

网络游戏运营商应提供优质网络游戏内容，引导游戏用户文明上网、文明游戏。应严格落实“网络游戏未成年人家长监护工程”的有关规定，通过采取技术措施，对未成年用户设置消费限额、游戏时间限定，屏蔽不适宜未成年用户的场景和功能等，保护未成年用户的身心健康。家长应加强履行监护职责，对未成年人上网进行必要的教育及监管，对于不当情形及时干预和管束，并妥善保管好自己的身份证件和账户信息。作为游戏用户，应该树立健康的娱乐理念，养成文明的游戏习惯，严格遵守网络游戏的市场管理规范，遇到不良游戏网站或者具有赌博性质的游戏应积极投诉、举报，为营造风清气正的游戏网络空间贡献力量。

（二）规范运营，提供放心的游戏环境

游戏运营商应规范行业行为，保护游戏用户的合法权益。游戏运营商应当要求网络游戏用户使用有效身份证件进行实名注册，并保存用户注册信息，不得违反相关规定为未成年人提供交易服务，不得为未经审查或者备案的网络游戏提供交易服务。游戏运营商在接到消费者的维权通知后，应尽到相应的协助义务。游戏运营商要采取有效措施保护用户个人信息，防止用户

个人信息泄露、损毁，未经授权不得将用户个人信息以任何方式向第三方企业或者个人提供。

（三）浏览条款，进行明白的游戏消费

游戏用户在注册账号时，应充分浏览游戏运营商提供的《用户协议》等合同条款，特别要留意其中加粗、画线的部分。如果对合同内容有异议，不应继续进行注册操作，以防止后续争议。如果游戏用户在游戏消费过程中，与其他游戏用户或游戏运营商发生纠纷，应及时与客服联系，争取协商解决。同时，应第一时间搜集并固定证据，尤其是剩余的虚拟货币、游戏道具或其他数据信息。考虑到网络游戏纠纷证据的固定难度相对较大，用户可考虑采取公证的方式及时保全证据。如果存在账号无故被冻结等非个人失当行为导致的损害后果，注意及时采用截图、公证等方式固定证据。

（四）畅通渠道，实现纠纷的多元化解

消费者发现存在不合法交易或自身合法权益受到侵害的，可以及时向游戏平台投诉，网络游戏经营商核实确认游戏用户有效身份后，应当协助用户进行取证。如果协商未果，用户可以通过申请仲裁、调解或向法院起诉等多种途径维护自身合法权益。

案例二

七天无理由退货制度是否适用票品

张夏意[①]

近年来，随着经济能力和生活水平的提高，人们的娱乐生活愈加丰富多彩，例如观看演唱会、话剧、球赛、音乐会等。同时，人们的购票方式也发生变化，在售票处排起长队现场购票的情况越来越少，更多的消费者选择通过网络平台购票，既免去了现场购票的不便，选择也更加多样化。然而在消费者便利购票的同时，一系列法律纠纷也由此产生。下面通过一个案例来了解一下消费者与网络票品订购平台的纠纷。

案情回顾

27 岁的王博文是一位热爱音乐的年轻人，看一场周杰伦的演唱会是他一直以来的梦想。在得知周杰伦即将在合肥进行巡演后，王博文计划提前在小数网上进行购票。然而，本想购买“周杰伦 2018 年世界巡回演唱会合肥站”门票的王博文，却买成了“周杰伦作品音乐剧《不能说的秘密》2018 全球巡演合肥站”门票。周杰伦并不参加该音乐剧的演出，也并非该音乐剧的编剧或制作成员。2018 年 9 月 7 日，失望的王博文向小数网提出退票申请却被拒绝。于是王博文以小数网的运营公司为被告向法院提起诉讼，要求小数网进行退票处理，返还其购票款 10580 元，向其支付赔偿款 31740 元，承担诉讼费、律师费 4000 元。

王博文认为小数网的行为构成典型的欺诈，理由如下：第一，小数网在宣传界面刻意弱化音乐剧的实质内容，将“周杰伦”“全球巡演”作为宣传主题，并未标明周杰伦不参加该剧的演出。这直接导致了王博文将其误以为是周杰伦世界巡回演唱会合肥站的门票而购买。第二，从网页评论区的留言来看，不仅仅是王博文本人，小数网的宣传方式误导了众多的消费者，并且

① 北京互联网法院综合审判二庭法官助理。

小数网以霸王条款拒绝退票。第三，小数网在王博文举报后，人为在音乐剧合肥站介绍中添加“温馨提示”并删除评论区，试图掩盖其欺诈行为。第四，小数网的客服在查询订单后都误以为王博文的已完成订单为周杰伦演唱会。第五，王博文在发现买错票后立即通过问询客服、投诉等渠道要求退票，并且无任何附加要求，因此王博文绝非故意知假买假。

小数网不同意王博文的诉讼请求，提出了以下答辩意见：第一，本案所涉合同标的应为票品订购服务及其所承载的演艺活动服务，并非法定“商品”范畴，故不适用《消费者权益保护法》第二十五条规定的“七天无理由退货”；第二，王博文因为自身原因购票错误，小数网未进行误导宣传，王博文主张小数网的行为构成欺诈不成立。

法院经审理后认为，王博文与小数网的运营公司之间形成了网络购物合同关系，双方应履行各自合同义务。王博文主张因小数网的误导宣传导致其购买了错误的门票，但是从客观上来看，“周杰伦作品音乐剧《不能说的秘密》2018 全球巡演合肥站”与“周杰伦 2018 年世界巡回演唱会合肥站”存在明显差异。王博文主张其希望购买的是演唱会门票而错误地购买了涉案演出门票，但事发主要系其自身原因，其主张小数网运营公司构成欺诈的主张不成立。对于王博文要求小数网进行退票处理，并退还票款 10580 元的诉讼请求，有事实及法律依据，一审法院予以支持。对于王博文主张小数网支付律师费的诉讼请求，无事实及法律依据，一审法院不予支持。

原审法院判决后，王博文与小数网均不服一审判决，提起上诉。王博文认为一审法院关于小数网的行为不构成欺诈的认定，侵害了消费者的合法权益，且由小数网承担律师费符合法律规定。小数网称票品订购非法定“商品”范畴，不适用《消费者权益保护法》第二十五条规定的“七天无理由退货”。小数网公示的《订票服务条款》属于公平合理且符合商事惯例的有效合同约定，应当予以确认并据此约定处理合同解除事宜。即依据《订票服务条款》按照门票总额（即 10580 元）的 20% 收取退票手续费，按照门票总额的 80% 向王博文退还款项。

二审法院经审理后认为，王博文上诉关于小数网的行为构成欺诈的理由不能成立，二审法院不予支持。对于网购演出门票是否属于《消费者权益保护法》规定的七天无理由退货制度的范畴，二审法院认为，虽然小数网运营公司系通过网络向王博文销售门票，但是不同于一般的通过网络销售的商品，消费者在实际收到商品之前难以实际体验或判断商品与网络描述是否一致，消费者在决定购买商品之前对于商品的认知和判断可能会受到约束或限制，对于演出门票而言，其系记载了演出名称、时间、地点等内容的观演凭证，对于门票的重要信息，王博文在下单过程中便可以通过小数网获取，收到门票时只需核对门票记载的演出信息是否吻合即可，并不会因为确认购买在先、收取门票时间在后而影响其对于演出信息的认知，进而影响其对于是否购买门票的判断，故应当认定王博文在确定购买门票之前，对于涉案门票所对应的演出信息已有充分的认知。关于本案能否全部退还票款的问题，小数网应给予王博文全部退款，对于小数网上诉要求按照门票总额的80%向王博文退款的主张，二审法院不予采纳。

法理分析

（一）小数网的行为是否构成欺诈

《消费者权益保护法》第五十五条第一款规定："经营者提供商品或者服务有欺诈行为的，应当按照消费者的要求增加赔偿其受到的损失，增加赔偿的金额为消费者购买商品的价款或者接受服务的费用的三倍；增加赔偿的金额不足五百元的，为五百元。法律另有规定的，依照其规定。"本案中，王博文依据《消费者权益保护法》主张的三倍赔偿能否获得法院支持，要看小数网的行为是否构成欺诈。

在民法上，欺诈是指以使他人陷入错误并因而为意思表示的目的，故意陈述虚伪事实或隐瞒真实情况的行为。[①]欺诈行为的构成需要以下四个要件：

---

① 韩世远：《合同法学》，高等教育出版社2010年版，第94页。

一是欺诈行为，一方当事人故意告知对方虚假情况，或者故意隐瞒真实情况，可以认定为欺诈行为；二是欺诈故意，包括使相对人陷入错误的故意和使相对人因陷入错误而为一定意思表示的故意；三是因果关系，相对人因欺诈行为而陷入错误，并且因该错误而作出意思表示；四是欺诈需违反法律，违反诚信原则。

本案中，从文字内容可知，“周杰伦 2018 年世界巡回演唱会合肥站”与“周杰伦作品音乐剧《不能说的秘密》2018 全球巡演合肥站”存在一定差异；从王博文自述的内容可知，小数网完全是按照其搜索的关键字进行项目推送的，不存在误导或欺诈的故意；从小数网提交的“周杰伦作品音乐剧《不能说的秘密》2018 全球巡演合肥站”购票页面可知，小数网从未宣传过该项目为王博文认为的“周杰伦 2018 年世界巡回演唱会合肥站”，小数网自始至终对该项目的宣传都为“由周杰伦音乐作品改编的音乐剧”。小数网购票页面信息显示：1. 标题明确写明该项目为“周杰伦作品音乐剧《不能说的秘密》2018 全球巡演合肥站”；2. 左侧海报明确写明“故事改编自周杰伦首部自导自演金马奖年度电影”“由地标最强的美国百老汇音乐剧主创团队携手打造”“作曲 / 作词 / 原著故事周杰伦”；3. 演出基本信息明确写明“演出场馆：安徽大剧院”，而周杰伦个人演唱会的场地一般为体育场 / 体育馆，不可能在剧院举办演出，且明确写明“主要演员（团体）：出品人钟丽芳、导演 John Rando”，而非周杰伦；4. 项目介绍通篇表述该项目为“由周杰伦电影《不能说的秘密》改编而成的音乐剧”，而非周杰伦个人演唱会。综上，小数网的行为缺乏欺诈的主观故意，不构成欺诈。

（二）七天无理由退货制度是否适用于票品

研究《消费者权益保护法》确立的七天无理由退货制度是否适用于票品，首先需要研究消费者与网络票品订购平台之间订立的合同是网络购物合同还是网络服务合同。演艺活动服务，虽以实物（或电子）票据为物质载体，但究其性质，买方所购买的系属演艺活动组织者为其提供的演艺服务，票品自身仅为享受演艺服务的观演权凭证。在本案中，无论是基于票品承载的演艺服务本身，还是基于小数网提供的票品订购服务本身，均属服务范畴，而非

《消费者权益保护法》所规定“商品”之范畴。故消费者与网络票品订购平台之间成立的是网络服务合同而非网络购物合同。

《消费者权益保护法》第二十五条规定：“经营者采用网络、电视、电话、邮购等方式销售商品，消费者有权自收到商品之日起七日内退货，且无需说明理由，但下列商品除外：（一）消费者定作的；（二）鲜活易腐的；（三）在线下载或者消费者拆封的音像制品、计算机软件等数字化商品；（四）交付的报纸、期刊。除前款所列商品外，其他根据商品性质并经消费者在购买时确认不宜退货的商品，不适用无理由退货。消费者退货的商品应当完好。经营者应当自收到退回商品之日起七日内返还消费者支付的商品价款。退回商品的运费由消费者承担；经营者和消费者另有约定的，按照约定。”

在上述《消费者权益保护法》的规定中，明确了七天无理由退货适用于“商品”范畴。就立法体例层面而言，《消费者权益保护法》通篇条款均已就“商品”与“服务”作出区隔表述，其通用表述结构为“商品或服务”。但在第二十五条“七天无理由退货”的表述中，该条款不再使用其他条款中“商品或服务”的通用表述，而将其适用范围限定于“商品”。若对服务经营活动适用七天无理由退货制度，势必引发该类服务市场消费、经营秩序的紊乱，并造成经营者交易机会的妨害与丧失。演出门票等确实有一定的特殊性，具有时效性、专有性、有限性等特征，如果支持任意退票，确实可能会给经营者的销售带来较大影响，故《消费者权益保护法》第二十五条“七天无理由退货”不宜随意扩大适用于服务性质的网络交易活动。

知识拓展

在司法实践中，关于消费者与网络票品订购平台之间的争议还有很多，例如票品标明“票务不予退还”，消费者在购票时也已知晓，在收到票品后，消费者能够主张“票务不予退换”属于格式条款，要求退票吗？下面我们通过一个司法实务中的案例来了解一下。

【案例】2018 年 7 月 12 日，陆雪在繁花网 APP 上购买了两张“五月天

2018LIFE【人生无限公司】巡回演唱会北京鸟巢终极版”的门票（订单编号为1014372344407），共支付3720元（其中含快递费10元），演出时间为2018年8月25日，配送方式为快递。陆雪于2018年8月12日收到被告快递寄送的门票。7月14日，陆雪因个人工作原因不能按时观影，遂联系繁花网客服要求退票，客服人员回复：不支持退货退款，网页有相关说明。

陆雪认为：首先，该票仅是预订，并未真正出票且没有实际对应的座位号，退票不会给繁花网造成任何损失；其次，购票后七天无理由退票是法定权利。因此，繁花网不退订、不退款的行为已经严重侵犯其合法权益，于是将繁花网运营公司诉至北京互联网法院。

繁花网不同意陆雪的诉讼请求，提出了以下几点答辩意见：第一，本案所涉演出项目，被告已在购票页面明示“不退不换”，消费者购买后，应自行处理（转让）所购门票。门票订购信息观演须知中有退换说明，内容为“票品不支持退换。如无法正常观看，还请自行处理，给您带来的不便敬请谅解”。繁花网已尽到了提示、说明的义务；第二，本案所涉合同标的应为票品订购服务及其所承载的演艺活动服务，并非法定“商品”范畴，故不适用《消费者权益保护法》第二十五条规定的“七天无理由退货”。

法院经审理认为，原告陆雪在被告经营的繁花网APP上订购演唱会门票，被告向原告提供票务服务，双方成立网络服务合同关系，该合同对双方均有法律约束力。本案中，陆雪虽然通过网络订购门票，但在其下单时，对于门票的重要信息，如演出名称、时间、地点等内容，在订单界面有明确说明，不会因为购买在先、收取门票在后而影响陆雪对演出信息的认知，进而影响其是否购买门票的判断。而且，繁花网在涉案产品界面明示票品不支持退换。因此，陆雪因自身原因单方解除合同，应承担解除合同后的法律后果。故原告要求退还票款并支付利息损失的诉讼请求，于法无据，法院不予支持。

本案中，法院在作出裁判时，进一步明确了消费者与网络票品订购平台成立网络服务合同关系，网络票品订购平台向消费者提供的是服务而非商品，不适用《消费者权益保护法》第二十五条规定的七天无理由退货制度。同时，法院明确了消费者在下单订购票品时，网络服务合同即成立，该合同对双方均有法律约束力，消费者以未实际出票主张网络票品订购平台应无理由退货的，法院不予支持。

普法提示

网络票品订购平台中各种演艺资源、文化资源汇集，逐渐成为人们丰富娱乐生活的必然选择。但网络票品订购平台在提供票品订购服务时，与消费者之间产生了多种类型的法律纠纷，尤其是在退票的问题上，产生了一定的法律争议。那么，网络票品订购平台在提供票品订购服务时，要承担哪些责任呢？消费者在购买票品时应该注意哪些问题，以保护自己的合法权益呢？

网络票品订购平台在进行宣传活动时要使用正当的方式、方法，如实地进行宣传，不能以误导消费者的方式进行虚假宣传。在一些情况下，网络票品订购平台没有使用虚假的信息，但对对其有利的信息进行了一定程度的特殊强调，或者利用搜索的方式让其与高热度搜索人物事件联系在一起，存在被认定为具有主观过错的可能。

网络票品订购平台与消费者之间的大量纠纷可以通过消费者多渠道的投诉进行解决，但我们也发现了在消费者向网络票品订购平台投诉的过程中，网络票品订购平台的客服人员存在着态度恶劣、搁置问题等情况，导致消费者的愤怒情绪升级，最终决定将网络票品订购平台诉至法院。网络票品订购平台在与消费者出现法律纠纷时，要积极沟通、协商解决问题，若消费者的诉求正当，应当及时解决争议，若平台不同意消费者的诉求，应当及时和消费者取得联系，说明不同意消费者诉求的理由，避免责任推诿与时间拖延。

消费者在购买票品时，要仔细浏览票品订购信息，对演艺活动的名称、时间、地点、参演人物、是否支持退票等信息逐一进行浏览，避免因自身的失误引起财产损失与法律纠纷。在对票品订购信息进行浏览时，要进行截图存证，以避免订购页面发生变化为后续维权带来困难。消费者在进行票品预定时一定要考虑周全、谨慎下单。消费者应当意识到一旦下单进行票品预定，网络服务合同即成立，网络票品订购平台未进行出票、标明票号与具体座位、消费者未实际收到票品等原因都不能成为消费者不受网络服务合同关系约束的理由。在与网络票品订购平台产生法律纠纷时，可以通过投诉、诉讼等多渠道进行维权，与平台积极协商，解决问题，在协商的过程中同样要注意留存协商过程的证据，以维护合法权益。

第七章

购物优惠

案例一　价格欺诈如何认定

雷茗涵[1]

案情回顾

家住杭州市的小美平日喜欢网上购物。2016 年 11 月 10 日，小美在艾玛服饰公司经营的网上商城旗舰店拍下两件冰极品牌商品：销售货号为 889W 的女士紫貂皮围巾及销售货号为 L–32 的女士水貂帽，网店页面显示划线价分别为 12000 元、1900 元，促销价分别为 5888 元、850 元，共支付货款 6738 元。上述商品的网店页面宝贝详情处均已注明涉案商品的品牌、材质、大小、形状、颜色和面料含量等。小美于 2016 年 11 月 16 日收到上述货物。两件商品外包装盒均标注冰极商标、店铺网址和联系电话。小美打开外包装盒，女士水貂帽附吊牌一份，注明产品名称、规格、单价、面料和里料信息，并含品质保证卡、皮装保养说明及注意事项；女士紫貂皮围巾未附吊牌，亦无其他信息。小美认为商品质量较差，且包装上仅注明了销售店铺的网址及联系电话，未标注生产厂家的信息，吊牌上亦无生产厂家的信息，上述两件商品属于三无产品，被告对在涉案商品的销售页面上使用的划线价并未进行解释的行为构成价格欺诈及虚假宣传。小美据此提起诉讼并提出两项诉讼请求：1. 解除双方之间的买卖合同；2. 判令艾玛服饰公司返还购物款 6738 元，并赔偿 20214 元。

被告辩称，第一，网上商城旗舰店系被告合法经营，涉案两件商品亦系该店出售。第二，涉案商品系合法合规的商品，无原告所述的质量问题，更不属于三无产品，吊牌上已明确注明厂家和生产信息，且冰极系合法注册商标。第三，被告在网上商城旗舰店首页有明确的价格告知，明确所显示的商品价格并非原价，仅为厂家建议的商店售卖价，促销价为即时售价。被告对

[1] 北京互联网法院综合审判二庭法官助理。

相应的价格含义进行明确告知，且原告系长期的网购消费者，对价格及其含义不会产生误解。故被告不存在所谓的价格欺诈。第四，原告存在恶意诉讼。针对原告的诉讼请求，被告表示同意解除合同，在原告退货之后，同意返还相应的货款。

一审法院认为，一方面，并无证据证明涉案商品存在质量问题。小美收到的商品外包装盒或商品上未注明生产厂名、厂址及面料含量信息，存在瑕疵，但根据小美提供的购买当时的交易快照可知，艾玛服饰公司已在其网店页面对涉案商品的品牌、材质和面料含量等信息进行了公示，且小美对上述公示内容已经知晓，标签标识的不规范不足以对小美造成误导，致使其在购买时作出错误的意思表示。另一方面，关于价格欺诈问题，从订单截图可以看出，涉案商品的两种标价，一种是划线价，分别为 12000 元、1900 元，另一种是促销价，分别为 5800 元、850 元。艾玛服饰公司在网店页面虽未对涉案商品划线价进行解释说明，但其并未对商品质量、品牌和价格进行虚假描述。小美未能提供证据证明艾玛服饰公司存在使用欺骗性或误导性的语言、文字、图片、计量单位等标价的行为，艾玛服饰公司在销售页面上标注的划线价、促销价系虚构，以及艾玛服饰公司使用上述欺骗性、误导性的标价或使用虚构的划线价、促销价诱使小美作出错误购买涉案商品的意思表示。在双方交易完成后，该商品价格并未下降，小美也未因此遭受损失。因此，涉案商品的两种标价不构成价格欺诈。由于涉案商品的标签标识确实存在瑕疵，现小美要求解除合同并退还货款，艾玛服饰公司亦在第二次开庭即 2017 年 6 月 21 日明确表示同意解除合同并在小美退还涉案商品后，将相应的货款返还，故该院认定双方的买卖合同关系已于 2017 年 6 月 21 日明确解除。买卖合同关系解除后，艾玛服饰公司应将货款 6738 元退还给小美；同时，小美应向艾玛服饰公司退还涉案商品。综上，依照《合同法》第九十三条、第九十七条（现已失效，相关规定见《民法典》第五百六十二条、第五百六十六条），《民事诉讼法》第六十四条第一款之规定，判决艾玛服饰公司于判决生效之日起十日内返还小美货款 6738 元，小美返还艾玛服饰公司冰极女士紫貂皮围巾（货号为 889W）和冰极女士水貂帽（货号为 L-32）各一件。同时驳回小美的其他诉讼请求。

宣判后，小美不服，提出上诉称：一审法院认定被上诉人未实施价格欺诈行为错误。本案中，被上诉人采取了划线价和促销价对比标价的方式，且没有对划线价进行解释说明，其行为就是在告知消费者，划线价就是商品原价，现在是按照促销价进行降价销售，用大幅度的差价优惠来吸引消费者。被上诉人的行为构成价格欺诈，应当按照《消费者权益保护法》的规定，承担三倍价款的赔偿责任。

对此，艾玛服饰公司辩称：被上诉人在网店首页已经作出相应的价格解释，即什么是划线价格，什么是促销价格。本店所有页面显示的商品价格字样并非《价格法》以及《禁止价格欺诈行为的规定》中原价的含义，仅是厂家建议价，所以不存在所谓的价格欺诈。

关于被上诉人是否构成价格欺诈这一争议焦点，二审法院认为，根据原国家发展计划委员会发布的《禁止价格欺诈行为的规定》第三条的规定："价格欺诈行为是指经营者利用虚假的或者使人误解的标价形式或者价格手段，欺骗、诱导消费者或者其他经营者与其进行交易的行为。"本案中，被上诉人在销售涉案商品时，标识了"价格"和"促销价"两种价格，并将"价格"栏中标识的数字作划线处理，但未对此进行任何解释说明。该标价形式极易让消费者产生该"划线价"系商品原价的误解，并基于促销价和划线价之间较大的优惠力度而作出消费决定。被上诉人在本案二审中明确陈述，涉案商品一直以促销价对外销售，从未以划线价进行交易，即该"划线价"并非原价。被上诉人利用使人误解的标价行为欺骗、诱导消费者与其进行交易的行为，应当认定为价格欺诈行为。[①]

那么，价格欺诈的认定依据是什么呢？

① （2018）浙 01 民终 1660 号，来源于中国裁判文书网，根据编写需要对部分情节有所加工，案例中当事人均为化名。

法理分析

欺诈的构成要件有如下几点：（1）一方需有欺诈的故意。所谓欺诈的故意，是指欺诈方明知自己的欺诈行为会使被欺诈人陷入错误的认识，希望或者放任此种结果发生的主观态度。（2）欺诈方实施了欺诈行为。欺诈行为一般包括故意告知虚假情况和故意隐瞒真实情况两种。（3）被欺诈方因受欺诈而陷于错误的判断，也就是指欺诈的行为与陷入错误判断的结果之间有相当之因果关系。（4）被欺诈人基于错误判断而为意思表示。

原国家发展计划委员会发布的《禁止价格欺诈行为的规定》第六条第三项规定，“使用欺骗性或者误导性的语言、文字、图片、计量单位等标价，诱导他人与其交易的”，应当认定为构成价格欺诈。

《国家发展和改革委员会关于〈禁止价格欺诈行为的规定〉有关条款解释的通知》第四条规定：“经营者采用与其他经营者或者其他销售业态进行价格比较的方式开展促销活动，应当准确标明被比较价格的含义，且能够证明标示的被比较价格真实有依据。否则属于《规定》第六条第（三）项情形。”

因此，是否构成价格欺诈的关键在于促销活动中的被比较价格。经营者应准确表明该被比较价格的含义，且能够证明该价格真实有依据。

本案中，商家在销售涉案商品时，标识了“价格”和“促销价”两种价格，并将“价格”栏中标识的数字作划线处理，但未对此进行任何解释说明，该划线价格含义不明。首先，该标价形式极易让消费者产生该“划线价”系商品原价的误解，并基于促销价和划线价之间较大的优惠力度而作出消费决定。其次，商家在本案二审中明确陈述，涉案商品一直以促销价对外销售，从未以划线价进行交易，也即该“划线价”并非《国家发展和改革委员会关于〈禁止价格欺诈行为的规定〉有关条款解释的通知》第二条第二款规定的“原价”，即该划线价格缺乏真实依据。综上，商家利用使人误解的标价行为欺骗、诱导消费者与其进行交易的行为，应当认定为价格欺诈行为。

知识拓展

随着互联网的普及，电子商务迅速发展，网络购物已经成为我们生活中的一部分。网络开店省掉了很多中间流通环节，降低了经营者成本，能够使消费者得到实惠。但现实中，网络购物价格欺诈现象频发，且具有形式多样化的特点。除本案中“使用欺骗性或者误导性的语言、文字、图片、计量单位等标价，诱导他人与其交易”的行为，价格欺诈还有以下常见情形，消费者应予仔细甄别。

第一，标价签、价目表等所标示商品的品名、产地、规格、等级、质地、计价单位、价格等或者服务的项目、收费标准等有关内容与实际不符，并以此为手段诱骗消费者或者其他经营者购买的：

新冠疫情期间，口罩成了紧俏商品，各大电商都显示缺货，定时发售基本靠“抢”。很多消费者在收到货物并进行确认的过程中，发现卖家发货的物品与宣传物品不一致。购买物品是口罩，但卖家在明知自家没库存、未联系买家的情况下就私自调换货物，将其他无关货物进行售卖。

第二，对同一商品或者服务，在同一交易场所同时使用两种标价签或者价目表，以低价招徕顾客并以高价进行结算的：

购买时，商品海报页面宣称单价为 479 元 / 台，消费者实际支付单价为 499 元 / 台。收到货后联系卖家返还差价，卖家拒不承认多收钱，也拒绝返还相关差价，并主张计价错误是价格打折软件出现问题，但未能提交证据证明。

第三，标示的市场最低价、出厂价、批发价、特价、极品价、跳楼价等价格表示无依据或者无从比较的：

商家往往以市场最低价、出厂价、批发价、特价、极品价、跳楼价等噱头招徕顾客，但实际上他们标示的这些价格往往无法进行比较。

第四，降价销售所标示的折扣商品或者服务，其折扣幅度与实际不符的：

商家号称“全场 8 折”，当消费者要买一套标价 500 元的女装，支付时却被商家告知“这套衣服折后价为 450 元”。

第五，销售处理商品时，不标示处理品和处理品价格的：

商家对女鞋处理品降价销售，并标价“处理商品一律 80 元”。但当消费者选中一双鞋准备付款时，却被商家告知“这双鞋是正品，需要 150 元”。

第六，采取馈赠方式销售商品和提供服务时，不如实标示馈赠物品的品名、数量或者馈赠物品为假劣商品的：

商家唇膏宣传页面标示“买一送一”，消费者信以为真，认为支付一支唇膏的价格可以收到同样的两支，收到货物后却发现赠品为一支价值远低于唇膏的护手霜。

第七，收购、销售商品和提供服务带有价格附加条件时，不标示或者含糊标示附加条件的：

天猫商城的某电器旗舰店宣称“免费上门维修”，但在提供维修服务后称需收取 200 元的材料费。

第八，虚构原价，虚构降价原因，虚假优惠折价，谎称降价或者将要提价，诱骗他人购买的：

“虚构原价”，是指经营者在促销活动中，标示的原价属于虚假、捏造，并不存在或者从未有过交易记录。“虚假优惠折价”，是指经营者在促销活动中，标示的打折前价格或者通过实际成交价及折扣幅度计算出的打折前价格高于原价。

电商通常有“限时优惠”的活动，但活动期满后发现该商品仍为“活动价”。

第九，收购、销售商品和提供服务前有价格承诺，不履行或者不完全履行的：

“价格承诺”，是指经营者以商业广告、产品说明、销售推介、实物样品或者通知、声明、店堂告示等方式，对商品价格作出的具体确定承诺。

螺蛳粉等方便食品在疫情期间大受欢迎，淘宝上某商家宣传“买三送一”。消费者购买三包，收到货后却发现并未附赠，卖家称只有付款的前五名消费者才享受“买三送一”。

第十，谎称收购、销售价格高于或者低于其他经营者的收购、销售价格，诱骗消费者与其进行交易的：

商家称其采购来源为正规渠道，采购价高于其他卖家，故售价高于其他卖家。其实采购渠道一致，采购价亦相同。

第十一，采取掺杂、掺假，以假充真，以次充好，短缺数量等手段，使数量或者质量与价格不符的：

某网红食品店售卖蛋黄酥，商品详情页标示一盒为 15 个，消费者收到货后发现该盒蛋黄酥只有 13 个。

第十二，对实行市场调节价的商品和服务价格，谎称为政府定价或者政府指导价的：

某网上农产品销售商将柿子卖 15 元一斤，假借“物价局监制”的标签，谎称“这是政府定的价格”。事实上，物价局只是对符合规范的商品标价签进行监制，而不包括商品价格本身。

普法提示

在市场经济活动中，经营者往往掌握了大量与经营活动有关的信息，如生产成本、经营成本和市场供求等，从而处于明显的信息优势地位。与此相反，消费者对上述信息知之甚少，处于明显的劣势地位。经营者利用这种信息不对称进行价格欺诈，势必会给消费者造成重大经济损失。因此，经营者应本着诚信经营的原则，明确所售商品或者服务的价格及优惠条件，使消费者能够清楚透明地得知商品或者服务合理的价格，从而作出理性的消费抉择。

（一）标注真实价格，避免误导消费

“原价”应指经营者在本次促销活动前七日内在本交易场所成交、有交易票据的最低交易价格；如果前七日内没有交易，以本次促销活动前最后一次交易价格作为原价。

经营者开展连续促销活动，首次促销活动中的促销让利难以准确核算到

单个商品或者服务的，应当以首次促销活动中单个商品或者服务的结算价格作为计算下次价格促销活动时的原价。

经营者对未销售过的商品或者服务开展促销活动，不应使用“原价”“原售价”“成交价”等类似概念，误导消费者认为该商品或者服务在本经营场所已有成交记录。

（二）价外馈赠有据，标明品名数量

经营者采取馈赠物品或者服务等方式开展促销活动，如果馈赠物品或者服务标示价格的，所标示的价格应当真实明确。

经营者采取返还有价赠券或者积分返利等方式开展促销活动，有价赠券或者积分返利一般不应附加使用条件；若附加使用条件，应在赠券或者经营场所显著位置明确标示。

（三）诚信经营为本，履行价格承诺

在市场经济条件下，经营者为了获取更多的交易机会进而获利，往往采用某些正当价格手段如价格承诺进行竞争。经营者往往以商业广告、产品说明、销售推介、实物样品或者通知、声明、店堂告示等方式，对商品价格作出具体承诺。对于收购、销售商品和提供服务前提出的价格承诺，经营者应按照约定完全履行，以免达不到消费者的期望，进而导致损失。

（四）相关主体共担，把好责任之关

第三方网络交易平台不直接向消费者或者其他经营者销售商品，不构成《禁止价格欺诈行为的规定》第三条所称的经营者。但第三方网络交易平台与网络商品经营者共同开展促销活动，并共同进行了价格标示、促销宣传，如果其价格标示、促销宣传虚假或者引人误解，则第三方网络交易平台与网络商品经营者构成价格欺诈行为的共同违法主体。第三方网络交易平台在网站首页或者其他显著位置标示的商品价格，不应低于该网络商品经营者在商品详情页面标示的价格。网络商品经营者并未实际开展促销活动的，第三方

网络交易平台不应声称该经营者所售商品开展促销活动。第三方网络交易平台不得提供标价软件或者价格宣传软件等，强制要求网络商品经营者进行虚假的或者引人误解的价格标示。

为经营者提供交易场所的卖场，如果对经营者实行统一管理，包括：统一促销、统一标价、统一格式合同、统一结算等，且价格标示引人误解，则卖场与经营者构成共同责任主体。故卖场在对经营者进行统一管理时，应对其标价进行严格管理，避免出现价格欺诈的情形。

（五）擦亮“火眼金睛”，跳出“价格陷阱”

一方面，受收入水平的限制或追求优惠的心理，许多消费者在购买商品或接受服务时将价格作为主要参考因素，比较倾向于购买价格低廉的商品，故经营者往往利用消费者的这种心理制造价格陷阱。另一方面，由于传播形式的多样化，媒体上各种令人眼花缭乱的商业广告层出不穷，许多消费者不加辨别、盲目信任，轻易作出非理性的购买决策，从而导致自身经济利益受损，甚至危及身体健康。在各种“价格陷阱”频发的环境下，消费者应仔细甄别，“价”比三家，参考其他用户评价等信息，作出理性的消费选择，避免自身利益的损失。

案例二

小赠品也有大学问

雷茗涵[①]

案情回顾

赠品是商家营销的手段之一。小赠品也有大学问，赠送得当，可以“以小博大”，提升买家好感度，带来客户资源；赠送不当，则会破坏自身形象，甚至发生纠纷，“赔了夫人又折兵”。

2016 年 3 月 28 日，李男在贝兹公司开设的网上商城旗舰店购买“二段羊奶粉较大婴儿配方奶粉”3 箱，每箱价格为 1251 元，共计 3753 元。2016 年 3 月 25 日至 3 月 28 日，贝兹公司在网上商城旗舰店开展“疯狂礼赠，买就送”活动，明示：满 2500 元，按付款时间前三名送价值 999 元足金吊坠；满 1499 元，送价值 480 元三美婴妈咪包（限量 60 个，先到先得）；满 999 元送价值 108 元迪士尼书包（追加 20 件）；满 599 元送价值 59 元贝亲水杯（追加 30 件）。贝兹公司在网页界面上列举了四项羊奶与牛奶、母乳的区别，其中第四项为“低脂高钙营养全面”，内容为：不易发胖且营养更全面、更健康；羊奶的脂肪球只有牛奶的三分之一，长期饮用不会引起发胖，且羊奶粉中含有 200 多种营养物质和生活性物质；并在网页界面上对李男所购商品进行了外观、配料表、营养成分表等商品详情的展示。2016 年 3 月 30 日，李男收到贝兹公司通过快递送到的诉争商品（含主产品 900 克二段羊奶粉 18 听、赠品吸管杯、米奇书包、妈咪包各 1 只）。贝兹公司于 2016 年 4 月 29 日向李男提供了票面金额为 3753 元的增值税普通发票及销货详单，销货详单载明：规格型号为 900 克二段羊奶粉 18 听，价税合计 3473.5 元；赠品吸管杯 1 只，价税合计 38.5 元；赠品米奇书包 1 只，价税合计 52 元；赠品妈咪包 1 只，

---

① 北京互联网法院综合审判二庭法官助理。

价税合计 189 元；价税合计 3753 元。

原告李男诉称：被告网页宣传该奶粉为低脂奶粉，但原告收到的不是低脂奶粉。同时，被告当时开展的“疯狂礼赠，买就送”促销活动，夸大宣传赠品价值，诱导消费者购买。故请求判令被告退一赔三，返还原告货款 3753 元，赔偿原告 11259 元，并承担本案诉讼费。

一审法院认为，原告李男与贝兹公司之间通过网络购销货物，其实质上是买卖合同，其内容未违反法律的强制性规定，应认定有效。经营者与消费者进行交易，应当遵循诚实信用的原则。本案争议的焦点为：第一，被告在网上商城交易界面上宣称诉争商品“低脂高钙”是否存在虚假宣传，构成诱导消费者消费；第二，原告是否支付额外的赠品价款。经审查：第一，被告在网上商城交易界面上列举了四项羊奶与牛奶、母乳的区别，其中第四项为“低脂高钙营养全面”的内容，该宣传词仅对羊奶与牛奶中所含脂肪球的大小进行了对比，以及对羊奶较牛奶的区别进行了宣传。被告在网页界面上同时展示了诉争商品的营养成分表、配料表，明确告知了原告诉争商品的具体特性，该行为符合《消费者权益保护法》第二十三条第二款“经营者以广告、产品说明、实物样品或者其他方式表明商品或者服务的质量状况的，应当保证其提供的商品或者服务的实际质量与表明的质量状况相符”的规定，被告的行为不构成虚假宣传。第二，原告所支付的价款与收到诉争商品的数量，与被告在网页交易界面上明示的诉争商品的单价以及双方交易的数量一致，被告在税票交易详单载明的内容虽然存在瑕疵，但其体现的销售物品总价值仍是原告应付所购诉争商品的实际价款，未侵害原告的权益，故原告提出其支付了赠品价款的理由，不能成立。原告虽提交了当地市场监督管理局出具的《处理结果通知书》，来证明被告有虚假宣传，但《处理结果通知书》未能体现行政处罚决定是否发生法律效力，以及与本案的处理是否具有关联性，故不能作为本案的证据采信。判决驳回原告李男的诉讼请求。

李男上诉请求：撤销一审判决，改判支持上诉人在一审时的诉讼请求，本案诉讼费用由被上诉人承担。事实和理由：原判认定被上诉人贝兹公司在网上商城交易界面上宣传其生产的羊奶产品“低脂高钙营养全面”及“疯狂礼赠，买就送”不构成虚假宣传，上诉人所支付货款就是与被上诉人诉争商品的实际价款，上诉人未支付赠品价款，是错误的。其一，关于奶粉是否属于低脂的问题，国家早有强制性标准，根据《预包装食品营养标签通则》（GB28050-2011）的规定，固体奶粉中，每100克脂肪含量小于或等于3.0克才能算是低脂。而上诉人提供的营养成分表却显示，其生产的羊奶粉每100克脂肪含量高达19.8克。其二，被上诉人在其促销活动中宣传其销售的900克二段羊奶粉，单价为每箱1251元，上诉人购买了3箱，付款3753元。而被上诉人向上诉人开具的防伪税控共享服务系统开票委托单的销货内容却载明：900克二段羊奶粉18听，价税合计3473.5元；吸管杯1只，价税合计38.5元；米奇书包1只，价税合计52元；妈咪包1只，价税合计189元；以上四种货物，价税合计才3753元。因此，被上诉人构成价格欺诈，利用虚假宣传价格误导上诉人，上诉人所支付的货款中，包含了被上诉人赠品的价款。其三，上诉人举报被上诉人虚假宣传，当地市场监督管理局已经依法对被上诉人作出行政处罚，充分证明了被上诉人虚假宣传，误导消费者。

贝兹公司辩称：一审判决认定事实清楚，适用法律正确，程序合法。请求二审驳回上诉，维持一审判决。

二审中，上诉人李男围绕上诉请求和理由提交了三份证据材料：1. 政府信息公开告知书；2. 政府信息公开申请告知书；3. 行政处罚决定书。被上诉人贝兹公司的委托诉讼代理人质证认为，对李男提供的三份证据的真实性、合法性不持异议，但与本案没有关联，不能证明贝兹公司存在虚假宣传，欺诈消费者的行为。法院经审查认为，李男提供的上述三份证据，来源合法，内容客观真实，与本案有直接关联性，予以采信。故二审法院除对一审查明的事实加以确认外，另查明，行政处罚决定书认定贝兹公司在网上商城旗舰店所售二段羊奶粉宣传页面宣传“低脂高钙营养全面”，而该商品营养成分表上所列数据却显示“脂肪19.8 / 100克”，不符合《预包装食品营养标签通则》（GB28050-2011）中所列的低脂标准，商品宣传内容与实际情况不符，对购买行为有实质性影响，系虚假广告。该行政处罚已生效并执行。

二审法院认为，本案的争议焦点是：第一，被上诉人在网上商城网页交易界面上宣称诉争产品“低脂高钙”是否存在虚假宣传，构成诱导消费者消费；第二，上诉人是否支付额外的赠品价款。[①]

那么，上诉人李男的诉请能否得到法院支持呢？

法理分析

针对上诉人李男的诉讼请求，从以下几点予以分析：

（一）上诉人是否支付额外的赠品价款

贝兹公司开展“疯狂礼赠，买就送”促销活动，明示消费者购买金额达到一定标准，就赠送一定价值的产品，李男按贝兹公司在其促销活动中的宣传，购买了其销售的单价为1251元的羊奶粉3箱，并如数支付货款3753元。但事后贝兹公司向李男开具的防伪税控共享服务系统开票委托单的销货内容却载明，李男购买的二段900克羊奶粉，价税合计只有3473.5元，加上其他贝兹公司所赠送的三种货物（吸管杯1只，米奇书包1只，妈咪包1只），价税合计才3753元，等于李男所支付的羊奶价款。就通常理解，李男所支付的羊奶粉价款中，包含了贝兹公司赠品的价款。

（二）被上诉人是否存在虚假宣传行为

《广告法》第四条第一款规定，广告不得含有虚假或者引人误解的内容，不得欺骗、误导消费者。贝兹公司作为专业经营的乳品有限公司，对于行业内奶粉“低脂高钙”的标准应该是明知的，但其所销售的二段羊奶粉的营养成分表上所列数据却显示“脂肪19.8 / 100克”，不符合《预包装食品营养标签通则》（GB28050-2011）中所列的低脂标准，而其在网页上宣传该产品“低脂高钙”，经行政处罚决定书认定，内容与实际情况不符，对消费者购买

① （2017）湘05民终1430号，来源于中国裁判文书网，根据编写需要对部分情节有所加工，案例中当事人均为化名。

行为有实质性影响，诱导消费者，系虚假广告。

因上诉人亦支付额外的赠品价款，故贝兹公司在网上商城开展“疯狂礼赠，买就送”活动，并与李男进行的本次羊奶粉交易中，同样存在虚假宣传，诱导消费者的情形。

贝兹公司销售给李男的羊奶粉，在商品包装上详细展示了营养成分表、配料表，明确告知了商品的具体特性，并经相关质量监督检测机构检验合格。李男诉称所购买的羊奶粉存在质量问题，要求退货，未依法经相关行政部门认定，依据不足。故对李男要求退货退款的诉讼请求，法院不予支持。

《消费者权益保护法》第四十五条第一款规定，消费者因经营者利用虚假广告或者其他虚假宣传方式提供商品或者服务，其合法权益受到损害的，可以向经营者要求赔偿。该法第五十五条第一款还规定：“经营者提供商品或者服务有欺诈行为的，应当按照消费者的要求增加赔偿其受到的损失，增加赔偿的金额为消费者购买商品的价款或者接受服务的费用的三倍；增加赔偿的金额不足五百元的，为五百元。法律另有规定的，依照其规定。”因贝兹公司的虚假宣传行为已误导李男作出购买行为，构成欺诈，故李男要求贝兹公司增加赔偿其损失，符合法律规定。

综上，李男的上诉请求部分成立，应予支持；一审判决认定事实及适用法律均存在错误，应予纠正。据此，法院判决贝兹公司支付李男损失赔偿款人民币 11259 元，驳回上诉人李男的其他诉讼请求。

知识拓展

赠品的取得是基于购买行为，那么赠品存在质量问题该如何处理？来看以下案例。

（一）赠品小玩具也需大认证

2016 年 5 月 28 日，原告胡玲在被告幸福有限公司开设的网上商城店铺“幸福家居”购买超洁儿童超软细毛牙刷一支，支付货款 15 元。胡玲购买后发现赠品卡通玩具没有3C标志，违反了儿童玩具强制认证的规定，属于不合格产品。

原告诉称：被告误导消费者购买，构成欺诈。根据《消费者权益保护法》第五十五条的规定，赔偿金额不足500元按500元赔偿，故请求判令被告退还货款15元并赔偿500元。

被告辩称：1.不存在欺诈行为。涉案商品外观不存在虚假宣传，原告在不申请鉴定的情况下，没有证据表明涉案商品存在问题；2.原告购买的涉案商品主体是牙刷，其所附的赠品没有3C标志不影响涉案商品主体的质量，原告的赔偿请求应当基于商品主体的质量问题；3.涉案商品所附赠品体现的是原告与被告之间的赠与合同关系，原告取得赠品不是基于消费，没有对价，不适用《消费者权益保护法》的惩罚性规定，因为《消费者权益保护法》的惩罚性规定是基于购买物品所支出的费用。

法院认为：原告胡玲与被告幸福有限公司之间存在买卖合同关系，且该买卖合同的标的物即为涉案的超洁儿童超软细毛牙刷一支。该买卖合同不违反法律、行政法规的强制性规定，应属合法有效。

中华人民共和国国家质量监督检验检疫总局、中国国家认证认可监督管理委员会2005年第198号公告《实施强制性产品认证的玩具产品目录》（以下简称《强制性认证玩具目录》）明确了对部分玩具产品实施强制性产品认证，自2007年6月1日起，凡列入强制性产品认证目录内的玩具产品，未获得强制性产品认证证书和未加施中国强制性认证标志的，不得出厂、销售、进口或在其他经营活动中使用。列入《强制性认证玩具目录》内的玩具产品包括童车、电玩具、弹射玩具、金属玩具、娃娃玩具和塑胶玩具。涉案商品外包装载明赠品名称为卡通动物玩具，执行标准为GB6675-2003即《国家玩具安全技术规范》和GB19865-2005即《电玩具的安全》，因此涉案商品所附赠品应当符合其载明执行标准的相关规定，并按照《强制性认证玩具目录》的要求获得强制性产品认证证书、加施中国强制性认证标志。现涉案商品赠品并未加施中国强制性认证标志，已违反有关规定，不符合保障人身、财产安全的要求。

被告幸福有限公司作为正规的经销商，其向消费者销售商品时理应对其所售商品是否符合相关法律法规的规定尽到审慎的注意义务。涉案商品赠品未加施中国强制性认证标志，足以证明被告未尽到合理限度内的查验义务，因此原告胡玲要求被告幸福有限公司退款退货的诉讼请求，理由正当，于法有据，应予以支持。

被告幸福有限公司销售的涉案商品所附赠品不符合保障人身、财产安全的要求，且未提供证据证明其并非欺骗、误导消费者而实施此种行为，已构成欺诈。经营者提供商品或者服务有欺诈行为的，应当按照消费者的要求增加赔偿其受到的损失，增加赔偿的金额为消费者购买商品的价款或者接受服务的费用的三倍；增加赔偿的金额不足500元的，为500元。因原告胡玲购买涉案商品支付的货款为15元，根据上述规定，被告幸福有限公司应赔偿原告胡玲500元。

虽然从形式上来看，原告胡玲在购买涉案商品时对所附赠品没有支付对价，但实质上，原告胡玲取得涉案商品的赠品是基于其购买行为，赠品的价值已经包含在原告胡玲支付的货款中。涉案商品及其赠品采用一体式包装，原告胡玲在接受商品时对于赠品只能被动接受，不具有选择权，相反，原告胡玲对于涉案商品作出购买选择亦与赠品密不可分，现涉案商品赠品存在欺诈，亦应认定该种欺诈行为的实施包含在消费者购买涉案商品的全过程之中，因此被告幸福有限公司认为原告胡玲的赔偿请求应当基于商品主体的质量问题，赠品没有3C标志不影响涉案商品主体质量的抗辩意见，缺乏事实和法律依据，法院未予采信。

综上，法院判决被告幸福有限公司退还原告胡玲货款15元，同时原告胡玲向被告幸福有限公司退还超洁儿童超软细毛牙刷一支及所附赠品；被告幸福有限公司赔偿原告胡玲500元。

（二）赠品未付款也需合规定

2017年4月21日，原告李丽在被告百瑞有限公司经营的网上商城店铺"百瑞小铺"购买百瑞混合橄榄油5L装两桶，单价438元。赠品为百瑞特级初榨橄榄油500mL装一瓶，赠品标注生产日期为2015年3月21日，保质期至2017年3月21日（李丽下单时已过保质期）。

原告诉称赠品在其购买时已过保质期，不符合食品安全标准，请求判令被告退还货款876元并赔偿8760元。

被告辩称李丽购买的商品本身没有过期，过期的仅是赠品，不同意其诉讼请求。

法院认为，食品的保质期是有关食品质量安全的重大问题，食用超过保质期的食品有可能造成人身伤害，商家在经营时应该特别注意商品的保质期，及时将已过保质期的商品下架，避免消费者无意或者有意购买。根据相关规定，对于奖品、赠品等视同销售的商品，商家应同样尽到合理的查验义务。被告百瑞有限公司销售的商品所附赠品过期，不符合食品安全标准。李丽要求退还货款并赔偿十倍货款的诉讼请求，于法有据，应予以支持。涉案商品已过保质期，百瑞公司应予以收缴销毁，不予销毁的将承担相应法律后果。

综上，判决被告百瑞有限公司退还原告李丽货款876元并赔偿8760元。

普法提示

赠品是很多商家进行促销的手段，理想的结果应是商家与消费者互惠共赢：消费者在购买商品时额外获得赠品提升消费满意度；商家在销售商品时附带赠品提高交易量。但现实中，不少商家赠送的赠品往往存在无相关标识、质量欠佳等问题，这种“消费陷阱”容易引发纠纷。对此，商家与消费者对赠品问题应予以重视。

赠品视同销售的商品，商家应同样尽到合理的查验义务。商家以附赠品方式开展促销活动，不应降低赠品的质量和售后服务水平，不应将质量不合格的物品作为赠品。“赠品免费不免责”，当赠品存在质量问题，造成消费者人身、财产权益受损时，商家应对赠品承担与所售商品相同的责任。

赠品虽小，影响却大。赠品不应是三无产品，也需满足相应的产品质量规定。当遇到赠品出现质量问题时，消费者应积极维权，以保障自身的合法权益，肃清购物环境，不让赠品成为不合格产品流通的暗道。

案例三

别让优惠变空欢喜

雷茗涵[①]

案情回顾[②]

“双十一”“双十二”等购物节是消费者与经营者共同的“狂欢”。随着活动规模与影响的不断扩大，各种优惠规则越来越多样化，令人应接不暇。“满减”“定金膨胀”“购物补贴”等方式让消费者直呼“要想买得巧，数学还得学得好”。在这场集体狂欢中，“数学”与“手速”缺一不可。

“限时免单”需要拼“手速”，然而，仅凭“手速”似乎也不能登上优惠之巅。来看一则关于“限时免单”的案例。

2017 年被告经营的网上商城店铺“鞋天下”举办“双十二”促销活动，活动规则设定为在 0 点、10 点、22 点后第一名付款的顾客免单（不可以提前下单，必须在整点之后下单并付款才算符合规则）。原告吴邪在参与该活动前向被告咨询免单规则，被告回复“以付款时间为准”。2017 年 12 月 12 日 22 点 0 分 0 秒，原告在被告经营的店铺购买品牌女鞋一双，价值 898 元。12 月 19 日被告公布被免单人名单，被免单人不是原告，原告要求查看被免单人详细订单信息截图，被告的截图显示被免单人是 22 点 0 秒下单，22 点 03 秒付款，而原告是在 22 点 0 秒下单，22 点 01 秒付款。原告认为被告在活动前制定的规则为“以付款时间为准”，后却“以下单时间为准”，直接篡改了活动规则。且被告利用店铺页面的广告宣传形式对商品作引人误解的虚假宣传，严重误导和欺骗消费者，构成了事实上的欺诈。故请求法院判令被告退赔购鞋款 898 元和三倍赔偿金 2694 元。

---

① 北京互联网法院综合审判二庭法官助理。

② （2019）京 0491 民初 3463 号，来源于中国裁判文书网，根据编写需要对部分情节有所加工，案例中当事人均为化名。

被告“鞋天下”辩称：1. 被告与原告的网络购物合同已经履行完毕。被告与原告之间的买卖合同系双方真实意思表示，未违反法律、行政法规的强制性规定，依法应当认定为有效合同。原告通过网上商城平台对女鞋下单后，被告于次日将货物邮寄至原告的指定地址。原告在收到货物后的七天内并未提出退换申请，故双方基于买卖合同而产生的义务均履行完毕。2. 被告并不存在欺诈行为，且原告并不符合免单政策。通过网上商城平台下单形成的网络订单是由网站计算后反馈得出的，商家无权修改订单顺位及时间。原告订单在网站订单排序为第三位，故不符合免单要求。根据合同法律相关规定，合同自买受方承诺生效时成立。本案中，当客户在页面点击购买、网上商城后台生成相应的订单后，合同即告成立且生效。付款仅是合同义务而并非合同生效条件。

为查清本案免单规则设置，法院依职权追加网上商城平台的经营公司为第三人。第三人公司述称：1. 本公司禁止卖家的“免单”行为，并于 2016 年 3 月 29 日发布《〈商品临时下架删除规则与实施细则〉变更公示通知》，此通知表明本公司在《商品临时下架删除规则与实施细则》中增加了专门针对卖家“免单”行为的管理条款。《商品临时下架删除规则与实施细则》规定，除了使用官方免单工具的商品或信息，其他的卖家“免单”行为是被禁止的，如有此类情况出现，本公司将会采取临时下架或删除商品和信息的方式进行管控。2. 本案中卖家的“双十二”整点免单活动并非本公司官方举办。经核查，本案中卖家的“双十二”整点免单活动并非本公司官方举办，本公司没有制定过本案中免单活动的规则及政策。

法院认定原告在购买涉案产品时参与被告的限时免单活动，在原告付款时间在先的情况下，被告未按照规则认定其为被免单人，属于违约行为，故原告要求被告退还货款的行为于法有据。被告未按照涉案限时免单规则给予原告免单待遇的行为应视为被告未按照约定履行合同的违约行为，但不构成欺诈行为。其一，原告并未提交证据证明购买的涉案商品在质量、性能等方面存在问题或者被告存在作引人误解的宣传等情形。其二，并无证据表明被告开展免单活动系以欺骗消费者为目的的虚假活动，被告并无欺诈的主观故意。其三，被告提交了实际免单者订单信息，显示发货、退款真实存在，并非虚构实际免单人。综上，判决被告退回原告购货款 898 元并驳回原告的其他诉讼请求。①

法理分析

上述案例中，限时免单条款的法律性质是什么？应如何认定本案的限时免单规则？

（一）涉案限时免单规则的法律性质

被告在其涉案的网上商城店铺销售产品时，通过店铺公示规则的方式开展限时免单活动，消费者在指定的整点下单购买店铺产品符合免单规则的，应该享受免单的优惠。关于被告在涉案活动中制定的限时免单规则的法律性质，从以下因素进行考量：

其一，从电子商务平台上网络购物的交易过程出发，平台内经营者将其销售的商品信息发布在店铺内，如果该信息具备了商品名称、基本信息介绍、价格等具体内容，在无其他相反约定的情况下应视为符合合同法律中关于要约的规定。要约是希望和他人订立合同的意思表示，该意思表示应当符合下列规定：第一，内容具体确定；第二，表明经受要约人承诺，要约人即受该意思表示约束。当经营者举办限时免单活动并发布免单规则，对于符合免单规则的消费者给予免单优惠时，此免单规则系经营者向消费者作出的要约的组成部分。

其二，根据《电子商务法》第四十九条第一款的规定，电子商务经营者发布的商品或者服务信息符合要约条件的，用户选择该商品或者服务并提交订单成功，合同成立。当事人另有约定的，从其约定。根据《合同法》第

① （2019）京 0491 民初 3463 号，来源于中国裁判文书网，根据编写需要对部分情节有所加工，案例中当事人均为化名。

四十四条（现已失效，相关规定见《民法典》第五百零二条）的规定，依法成立的合同，自成立时生效。具体到本案，原告在活动期间选择需要购买的商品提交并生成订单，视为承诺，承诺是受要约人同意要约的意思表示。此时消费者购买商品的购物合同已经成立并生效，免单规则成为双方购物合同的组成条款，对双方当事人具有约束力。

其三，关于限时免单的约定条款属于附条件履行合同义务的条款。当消费者符合免单规则的要求时即条件成就，则免除消费者该单货款是被告须履行的合同义务；反之，对于不符合免单规则要求的消费者，被告不负有免单的合同义务。

综上，被告制定的涉案免单规则系双方购物合同内容的组成部分。

（二）如何认定本案被告设定的限时免单规则

本案被告对原告的下单时间和付款时间没有异议，原告认为其下单前已经咨询过客服，是以付款时间在先为准，在未获免单后再次询问客服并取得被免单人的订单信息，显示被免单人和原告下单时间一致，但付款时间在后，客服解释是按照下单时间在先确定被免单人。

根据原告提交的限时免单活动的公示截图，其中并未标识下单优先还是付款优先，其询问客服以后，得知为付款优先，故其继续参加活动。因此，原、被告之间关于涉案限时免单活动规则的约定应为在整点起下单的消费者中，以付款时间在先者为被免单人。

（三）被告之行为是否应当承担法律责任，应承担何种责任

如前所述，原告付款时间在先，按照在先约定的免单规则，被告应承担为其免单的义务。即使按照被告主张的以下单时间优先为准的规则，原告的下单时间也与实际被免单人一致，因此被告如不能提交证据证明原告的下单时间晚于实际被免单人，其给予下单时间相同的两位消费者不同的待遇，也不符合其主张的规则。综上，原告在购买涉案产品时参与被告的限时免单活动，在原告付款时间在先的情况下，被告未按照规则认定其为被免单人，属

于违约行为，故原告要求被告退还货款的请求应予支持。但原告提供的现有证据不足以认定被告存在欺诈行为，故对其三倍赔偿请求不予支持。

知识拓展

在促销季，商家会设置各种优惠活动。买家可能得到实惠，但与此同时，由优惠规则引发的纠纷也层出不穷。且看以下案例。

（一）使用优惠券购买后卖家未发货，被判赔偿买家损失

王男在被告经营的网上商城店铺“男人装”购买了男装一件，因使用满 299 元减 200 元的优惠券，以及店铺满减等其他优惠，王男实际支付为 11.39 元。后被告称收到大量订单，库存不足，与平台协商后处理方式为不发货，赔付买家订单金额的 30%。王男诉请被告退还货款并赔偿其损失共计 278.2 元，其中包括货款 216 元，运费 10 元，店铺满减额 43.2 元，以及 9 商城豆。被告辩称已将货款及赔偿款共计 29.04 元退还给王男，王男予以确认。

法院经审理认为，当事人一方不履行合同义务或者履行合同义务不符合约定，给对方造成损失的，损失额应当相当于因违约所造成的损失，包括合同履行后可获得的利益。本案中，被告与王男订立合同后长时间内未发货，致使合同目的未能实现，王男可主张解除合同。王男所主张被告退还货款并赔偿其损失额共计 278.2 元，其中包括货款 216 元，运费 10 元，店铺满减额 43.2 元，以及 9 商城豆。店铺满减额与商城豆的价值已被货款与王男实际支付额之间的差额所覆盖，因此王男主张的店铺满减额 43.2 元与 9 商城豆属于重复主张，不应支持。对于解除合同后被告所需赔偿的损失额，根据王男主张，应认定为 226 元，其中 11.39 元为其实际支付金额，其余为履行该合同王男所能获得的预期利益。综上，赔偿损失额 226 元，扣减已退还王男账户 29.04 元，判决被告赔偿王某 196.96 元。

（二）价格标注错误不构成重大误解，被判继续履行合同

“黄金屋”网络书店推出“好书好礼 72 小时抢购”活动，王书于活动开始后下单购买书籍两本，“黄金屋”向王书发出收到订单并确认合同成立的通知，但此后却以价格标注错误为由，拒绝交付书籍。王书诉至法院，要求“黄金屋”履行交货义务。“黄金屋”辩称因工作人员失误，标注的价格低于成本价，属于价格错误，合同构成重大误解应予以撤销，并就此提起反诉。

法院经审理认为，重大误解是指行为人因对行为的性质、对方当事人、标的物的品种、质量、规格和数量等发生错误认识，使行为的后果与自己的意思相悖，并造成较大损失的行为。本案中，“黄金屋”未向法院提交有效证据证明其存在因工作人员失误导致错误标注价格的情形，且从电子商务促销的常态来看，也不能仅以成本来衡量低标价格是否构成重大误解，故王书要求“黄金屋”继续履行合同，于法有据。

（三）虚构原价促销构成价格欺诈，被判三倍赔偿

五福公司在网上商城平台的五福旗舰店推出促销活动，活动期间“足金黄金元宝貔貅手链首饰”原价一副 5588 元，领券后活动价 2988 元；“黄金石榴石貔貅手链首饰”原价一副 1880 元，领券后活动价 618 元。张金于活动期间下单购买了上述商品各一副，实际支付了 3596 元（扣除店铺优惠券 10 元）。张金因所购商品原价与实际成交价格差距较大，为此询问五福公司客服，得到回复为不清楚。张金以五福公司虚构原价构成价格欺诈为由诉至法院，要求五福公司退款退货并赔偿三倍损失。五福公司未应诉答辩。

法院经审理认为，根据《禁止价格欺诈行为的规定》《国家发展和改革委员会关于〈禁止价格欺诈行为的规定〉有关条款解释的通知》等规定，虚构原价、虚构优惠折价，诱骗他人购买的，应属价格欺诈行为，其中“原价”是指经营者在本次促销活动前七日内在本交易场所成交，有交易票据的最低交易价格；如果前七日内没有交易，以本次促销活动前最后一次交易价格作为原价。本案中，涉案商品所标原价与促销后价格相距较大，而五福公司未提交涉案商品在

促销活动前七日内以其所标的原价进行销售或者本次促销活动前最后一次交易价格为所标原价的证据，故可认定其存在虚构原价和优惠折价，以诱骗消费者购买涉案商品的行为，构成价格欺诈。基于五福公司的欺诈行为，张金有权向法院申请撤销涉案合同，故对其退货退款的诉讼请求，法院予以支持。

根据《消费者权益保护法》的相关规定，经营者采取虚假或者其他不正当手段欺骗、误导消费者，使消费者的合法权益受到损害的行为，属于欺骗消费者的行为。经营者提供商品或者服务有欺诈行为的，应当按照消费者的要求增加赔偿其受到的损失，增加赔偿的金额为消费者购买商品的价款或者接受服务的费用的三倍。据此，张金以五福公司欺诈为由主张五福公司赔偿三倍货款的诉讼请求，于法有据，法院予以支持。

综上，合同成立后，当事人应依约全面履行合同义务。但在实际交易中，合同虽已经成立，但商家、消费者时常基于自己利益的考虑，或基于其他原因主张合同存在效力欠缺、履行不能、不愿履行等情形，从而拒绝履行合同义务。此类争议应从以下方面进行审查：

首先，应审查合同是否存在无效、可撤销等情形。如存在可撤销情形的，还应审查当事人是否是在除斥期间内行使撤销权。除斥期间一般为知道或应当知道撤销事由之日起一年内，而重大误解的除斥期间为知道或应当知道撤销事由之日起的三个月内。其次，在合同依法成立并生效的情况下，审查商家、消费者拒绝履行合同义务的理由是否成立，如不成立，除守约方要求解除合同、守约方不要求继续履行、依法不宜强制履行等情形外，法院应依当事人所请，判决合同继续履行。

普法提示

（一）经营者合理设置优惠规则，避免优惠变噱头

在促销季，经营者应本着诚信原则展开促销活动，不得通过虚构原价和优惠折价的方式，欺骗消费者；且对订立的优惠规则应极尽解释，透明化优

惠规则的适用条件。应通过人工智能等技术手段，提高客服应答效率与准确度，及时回复消费者关于优惠规则及商品信息的疑问。

与此同时，经营者应当遵守契约精神，按照合同约定履行合同义务，不得擅自取消订单，杜绝使优惠仅成为吸引消费者的“噱头”而非实质优惠的结果。这要求经营者综合评估自身的库存数量以及经营实力等因素，合理地设置优惠规则，从而达成共赢的局面。

（二）第三方平台优化系统配置，提高用户体验

在“双十一”等购物狂欢节时期，往往会在“秒杀”等环节出现系统卡顿、无法下单等情况。就此，平台经营者应提前强化服务器性能，使之能够承载高峰时期的用户量。同时，通过合理设计平台结构，模拟高峰时期的购物行为，确保消费者购物的顺畅与便捷，给消费者以良好的购物体验。

作为电子商务平台经营者，在已经意识到平台内经营者自行开展的诸如限时免单、全额退款的优惠活动存在违反平台规定或者侵害消费者合法权益的行为时，更应进一步加强平台规则建设及经营者自律，对于出现的此类消费者纠纷应积极帮助协商解决，对于平台内经营者自行开展的类似活动应进一步加强监管，督促其遵守法律和商业道德，公平参与市场竞争，切实履行保护消费者权益的义务。

（三）消费者理性消费，仔细甄别

购物节期间，复杂的优惠规则令人眼花缭乱，消费者由于存在消费求廉心理和从众心理，往往会购买一些不必要的商品。因此，消费者在购物节时应保持冷静，克服诱惑，理性消费。在确需购买相关产品时，应提前关注，明确自身需求，有目的地寻找相关的优惠；并结合店铺资质及买家评价等信息，理性地作出选择，使购物节真正成为“优惠节”而非“冲动节”。

图书在版编目 (CIP) 数据

网络购物及网络服务纠纷典型案例解析 / 张雯主编 .—北京：中国法制出版社，2021.7

（法官说法丛书）

ISBN 978-7-5216-2060-3

Ⅰ . ①网… Ⅱ . ①张… Ⅲ . ①互联网络—经济纠纷—案例—中国 Ⅳ . ① D922.175

中国版本图书馆 CIP 数据核字（2021）第 147410 号

责任编辑：李宏伟　　封面设计：杨泽江

网络购物及网络服务纠纷典型案例解析

WANGLUO GOUWU JI WANGLUO FUWU JIUFEN DIANXING ANLI JIEXI

主编 / 张　雯

经销 / 新华书店

印刷 / 三河市国英印务有限公司

开本 / 710 毫米 ×1000 毫米　16 开　　印张 / 12.75　字数 / 188 千

版次 / 2021 年 7 月第 1 版　　2021 年 7 月第 1 次印刷

中国法制出版社出版

书号 ISBN 978-7-5216-2060-3　　定价：42.00 元

北京市西城区西便门西里甲 16 号西便门办公区　邮政编码 100053　　传真：010-63141852

网址：http://www.zgfzs.com　　**编辑部电话：010-63141796**

市场营销部电话：010-63141612　　**印务部电话：010-63141606**

（如有印装质量问题，请与本社印务部联系。）